SHODENSHA
SHINSHO

戦国史のミカタ

本郷和人

JN203652

祥伝社新書

はじめに

一三三六（建武《けんむ》三）年、九州で勢いを得た足利尊氏《あしかがたかうじ》は大軍を率い、怒濤のごとく山陽道《さんようどう》を東上《とうじょう》してきました。楠木正成《くすのきまさしげ》は後醍醐《ごだいご》天皇に献策します。いったん都《みやこ》を捨てて比叡《ひえい》山《ざん》に上っていただきたい。空《から》になった都に足利勢を誘い込み、兵糧《ひょうろう》攻めを行えば、必ずや勝機を見いだせるはずだ。けれども、帝《みかど》や公家《くげ》は聞き入れません。正成は死を覚悟し、湊川《みなとがわ》の戦場（現・兵庫県神戸《こうべ》市）に赴きます。

摂津《せっつ》の桜井《さくらい》の駅（現・大阪府三島《みしま》郡島本《しまもと》町）にさしかかった時に、正成は嫡子《ちゃくし》・正行《まさつら》を呼び寄せ「故郷の河内《かわち》（現・大阪府南東部）へ帰りなさい」と告げます。「どうか私を連れて行ってほしい」と願う正行に対し、正成は「世は足利尊氏のものとなるだろう。おまえは武芸を磨いていつの日か立ち、帝に忠義を尽くせ」と諭《さと》して訣別しました。これが『太《たい》平記《へいき》』が記す「桜井の駅の別れ」です。

明治初年、政府は日本の歴史の編纂を企《くわだ》て、重野安繹《しげのやすつぐ》（一八二七〜一九一〇年）、川田《かわだ》剛《ごう》（一八三〇〜一八九六年）ら当時を代表する漢学者をもって、この任に充《あ》てました。けれども、歴史資料の取り扱いと歴史像の叙述をめぐり、重野と川田は激しく対立します。重野は「歴史の叙述は確度の高い歴史資料（たとえば古文書、貴族・僧侶の日記）に則して為《な》されるべきである」、物語である『太平記』だけが言及する「桜井の駅の別れ」は科学的な国史学から排除すべし、と主張しました。川田は「あまりに厳密な日本史像の構築には反対である」と述べ、重野のやり方を強引に推進すると日本人の精神が崩れかねない、と説きました。論争は結局、重野が勝利します。彼は東京帝国大学の教授となって、国史研究室の祖となりました。川田は下野《げや》し、その学風は國學院大学に影響を残しました。

重野と川田は「明治の三大文宗《ぶんそう》（文系の大学者）」と謳われた三人のうちの二人です。ですから、中国の清《しん》王朝で高度な発展を遂げた実証主義の作法は熟知していました。川田とて、実証的な考証を重んじている。でもあまりに実証性ばかりを追求すると、日本史がやせ細ってしまうのではないか、と恐れたのでした。

私は重野の系統に連なる一人ですが、川田の危惧はとてもよくわかります。というか、それは現実のものになっている、と言わざるを得ない。学生に聞いてみると、「学問としての日本史」は、まことに人気がないのです。日本史は情緒や共感とは縁のない、客観的な科学である。そう主張するあまり、中等教育の授業は無味乾燥なものになっている。「考える」科目ではなく、一方通行のつまらない「暗記モノ」として忌避されています。

これではいけません。史実に則しながら、おもしろいものを。それが本書のコンセプトです。戦国時代という激動が織りなす歴史の醍醐味を実感し、すこしでも興味を持っていただけるよう、工夫したつもりです。ご一読をたまわれば幸甚です。

二〇二五年四月

本郷和人

目次

第二章　天下人

第三章

家康の家臣操縦術

第四章
戦国女性

本書は、産経新聞の連載「本郷和人の日本史ナナメ読み」(二〇二三年一月五日〜二〇二四年三月一四日。現在は終了)をテーマごとに再構成して加筆修正し、新章・新原稿を加えたものです。

第一章

合戦

戦国時代、いつも戦争してたの？

この国で一五世紀末から一六世紀末にかけて、長く戦乱が続いた時代を「戦国時代」と呼びます。戦国時代と言うと、その名称から日本のどこかで常に戦争が起きていたようなイメージを抱きがちですが、実際はどうだったのでしょうか。

この問題を解き明かす前に、まず戦国時代の始まりと終わりを定義したほうがよさそうですね。いつからいつまでを何時代と呼ぶかは歴史学者によって諸説あるし、正確に区切るのはなかなか難しい。それでも小学生や中学生が歴史を学ぶためには、時代を明確に分けたほうがいいだろうというのがぼくの考えです。

戦国時代の始まりは、応仁《おうにん》の乱が勃発した一四六七（応仁元）年。終わりは室町幕府の第一五代将軍・足利義昭《よしあき》が京都から追放され、幕府が滅亡した一五七三（元亀《げんき》四）年。あるいは織田信長《おだのぶなが》が安土《あづち》城（現・滋賀県近江八幡《おうみはちまん》市）の建設を開始した一五七六（天正《てんしょう》四）年。この約一一〇年間が戦国時代だと考えるのがわかりやすいと思います。

では、この間、大名たちはいつも戦争をしていたのでしょうか。その答えは、戦争というものをどれくらいの規模の戦いを指すかによって変わってきます。たとえば、武田信玄《たけだしんげん》と上杉謙信《うえすぎけんしん》の軍が戦った川中島《かわなかじま》の戦い、あるいは織田信長による桶狭間《おけはざま》の戦いや長篠《ながしの》の戦いのような大規模な戦争はそうそう起きてはいません。

理由は明瞭です。戦争をするには莫大なお金がかかるからです。本格的な、つまり経済が傾くような戦争を頻繁《ひんぱん》にしていたら、国は一気に疲弊してしまいます。

戦国大名にとって大事なのは何のために戦争をするか、その目的です。もちろん、敵が攻めてきたら、自国の領土を守るために戦います。しかし、こちらから戦争を仕掛けるとなると、よほどの利益が得られない限りは戦う意味がありません。それほど戦争にはお金がかかるのです。戦国大名とは「自分の国を守る大名」とも言えます。甲斐国《かい》（現・山梨県）、土佐国《とさ》（現・高知県）など、現在の県・市単位で大名が生まれたわけですが、彼らは自国の領土を守るために戦いました。領土を広げるというのは二の次、三の次なんです。

明治時代の日本を考えてみてください。日本本土を守るために、朝鮮を自国に組み入れて盾《たて》にし、次は満州《まんしゅう》を盾にした（「生命線」などと呼びました）。こうして領土を広げていったわけです。それをもっと小規模に、消極的にやっていたのが戦国大名とも言えるでしょう。

もうひとつ見逃せないのは、この時代に戦い方が大きく変わったことです。それまでは食料や物資の調達は出兵した先でやっていました。要するに略奪です。しかし、略奪した土地はその後、自国の領地となるわけです。はたして、略奪された側の領民たちは新しい権力者に大人しく従うでしょうか。誰が考えても略奪は統治にはマイナスです。武田信玄や伊達《だて》政宗《まさむね》が侵略した先で皆殺しをしたことはありますが、それは若い頃の話。領土を広げるメリット、デメリットがわかってからは、こうした蛮行は行っていません。

戦国時代は、他国に攻める時はしっかり準備をしました。特に兵士の食料です。何千、何万という兵士を食べさせるわけですから、莫大な資金が必要になります。そうなると、大きな戦いはせいぜい数年に一度しかできません。毎年そんな戦いをしていたら、仮に勝利して領地を得たとしても、すぐに国は貧しくなって、潰《つぶ》れかねません。したがって、戦国時代といえども、いつも戦争をしていたわけではないのです。

ただし、戦争がたびたび起きるわけではないから平穏な時期もあったのかというと、そうとは言えないのが戦国時代です。

それは、江戸時代の平和と戦国時代の平和を比較すると、よくわかります。江戸時代は戦争がないことが常態となっていました。警察権力が確立され、しっかり治安が守られていたのです。ところが、戦国時代には平和という概念はありません。大名、つまり権力者の都合で治安は良くもなれば、悪くもなる。戦争をしていない時も弱肉強食があたりまえで、悪いことをした奴らが捕まるという、私たちが考えるような常識は通用しません。日々を安心して暮らせないわけですから、普通に生きている人たちは大変だったと思います。

黒澤明《くろさわあきら》監督の『七人の侍』の舞台となっているのは戦国時代の末期。豊臣秀吉《とよとみひでよし》が天下を統一する前夜という設定です。落武者《おちむしゃ》たちが砦《とりで》のようなところに集結したり、移動したりして農村を襲っては収穫物を奪い、女性をさらっていく。これじゃあ、とてもじゃないけど安心して暮らせないというので、農民たちもやむを得ず武装します。映画では、お金を払って腕の立つ武士を雇っていますが、そのようなこともあったかもしれない。いずれにしても殺伐とした時代だったと思います。

軍勢と政治権力の関係

戦国時代、いや戦国時代に限らず、戦いではどれだけの軍勢、すなわち「兵」が動員されたのでしょうか。

まずは、人口を見てみます。日本列島にどれくらいの人が住んでいるか、というと、まあ戸籍はないので数え方はいろいろあるのですが、六〇〇（推古《すいこ》八）年には六〇〇万人。関《せき》ヶ原《はら》の戦いが起きた一六〇〇（慶長《けいちょう》五）年に一二〇〇万人というのが無難な数字だと思います。

ぼくの友人であるウィリアム・ウェイン・ファリスさん（元ハワイ大学教授）は、東大寺《とうだいじ》の大仏建立《こんりゅう》の動機として天然痘《てんねんとう》の大流行を挙げています。奈良時代、海の向こうからやってきた天然痘が猛威を振るいました。政治をリードしていた藤原《ふじわら》四兄弟（武智麻呂《むちまろ》、房前《ふささき》、宇合《うまかい》、麻呂《まろ》。聖武《しょうむ》天皇の后《きさき》である光明子《こうみょうし》の異母兄であり、それぞれ南家《なんけ》、北家《ほっけ》、式家《しきけ》、京家《きょうけ》の祖）も次々と倒れて亡くなりました（七三七年）。列島の人口の四分の一が失われたかもしれない、という大惨事になった。大仏建立は、あまりに多くの犠牲者の鎮魂を願っての事業だったのではないか、と言うのです。

幸いなことに日本ではこのあと、これほどの感染症の流行は確認できません。また周知のように、わが国は外国からの侵略を受けておらず、たくさんの人が犠牲になることも起きていません。こうしたことを考えると、人口は徐々に増えていったと推測してよいのではないか。一〇〇年ごとに六〇万人。一一〇〇（康和《こうわ》二）年で九〇〇万人。とすると、ぼくの専門である中世では一〇〇〇万～一二〇〇万人ということになります。

もうひとつ、支配の苛烈さを大雑把《おおざっぱ》に考えてみます。普通に考えて、地域における政治権力は、次第に発達していったとすべきでしょう。住人一人一人を拘束する力は、年代の経過につれて大きくなっていった。「権力は社会にサービスする。その見返りとして社会を構成する私たちは税を納める」というのが行政の根本だとすると、現代に生きる私たちは個別の収入を権力に事細《ことこま》かに把握されていて、それに応じてきっちりと税を納入して（させられて？）います。現代の「お上《かみ》」はむやみにその暴力性を見せつけることはありませんが、中世や近世の権力に比べると、支配力は増大しているのです。

これらを併《あわ》せ考えた時に、命をかけて戦う「兵」の数は、後世になればなるほど、多くなるはず、とするのが自然な考えであると思います。なぜなら、政治権力がそれぞれの意思を有して生活している人間を摑《つか》まえて無理矢理、死地に赴かせるものが「兵」であるわけですから。ですから、いくら『吾妻鏡《あずまかがみ》』(鎌倉幕府が編纂した史書)がそれなりの精度を持つ歴史資料であるにせよ、承久《じょうきゅう》の乱(一二二一年)での幕府軍が一九万人などという数字は、関ヶ原に集結した東西両軍の兵力が一七万人くらいであるのを考慮すると、とうていありえない、ということになります。

では、信頼できる数字というのは何か。まずは武士が戦いを開始した平安時代後期の保元《ほうげん》の乱(一一五六年)。この時、平清盛《たいらのきよもり》は三〇〇騎、源義朝《みなもとのよしとも》は二〇〇騎を率いていた。これは重要な指標です。当時、武士は戦闘のプロで、合戦はプロ同士の一騎打ちが基本になっていました。

次《つ》いで北条時政《ほうじょうときまさ》を後《うし》ろ盾《だて》とした源頼朝《よりとも》の挙兵(一一八〇年)は、兵六〇人くらいでの企《くわだ》てだった。つまりは北条氏の元来の兵力は五〇人くらいということです。もちろん、このあと上総広常《かずさひろつね》が二万騎を率いて従属してきた、などは虚構です。頼朝が南関東を制圧したという報を受けて激怒した清盛が関東に下した兵力は『平家物語《へいけものがたり》』だと七万騎ですが、貴族の日記だと四〇〇〇人。これが「見たこともない大軍だ」と記されます。この比卒だと、『吾妻鏡』も含めて、軍記物語の兵数は「二〇〇で割って読む」くらいで、ちょうどいいのかもしれません。

鎌倉時代は源平合戦期に続いて、戦いは一騎打ちが基本です。ぼくは畠山重忠《はたけやましげただ》が滅びる『吾妻鏡』の記事などを参考にして、「この国（県）にこの人あり」と称されるような有力な御家人《ごけにん》は、二〇〇から三〇〇の兵を養っていたように考えます。また、先ほど記し

応仁の乱と足軽

戦国時代の幕開けとなる応仁の乱は、有力守護《しゅご》家や足利将軍家の内紛に端を発し、1467(応仁元)年から11年間にわたって繰り広げられた。将軍の権威が失墜し、主な舞台となった京都は戦火に包まれ荒廃した。乱世を象徴したのが足軽《あしがる》の存在である。馬に乗らず徒歩で軍役に服し、放火や略奪などで敵陣を攪乱《かくらん》した。戦国時代になると、弓・槍《やり》・鉄砲などの部隊として編成。写真は、御霊《ごりょう》神社(上御霊《かみごりょう》神社)境内にある応仁の乱勃発地を示す碑。

た一九万人という承久の乱における幕府軍ですが、ぼくの計算（『吾妻鏡』の信頼できる部分をつなぎ合わせた）では東海道《とうかいどう》・東山道《とうさんどう》軍を合わせて一万人。先の比率に従って一九万人を二〇で割れば一万人を切るくらいですので、こんなものではないでしょうか。

時代が下り、南北朝時代になると、集団戦が始まります。モンゴル軍との戦闘も、この変化の一因でしょうか。兵数も次第に多くなる。基準になるのが室町将軍の親衛軍で、第三代将軍・足利義満《よしみつ》の頃に三〇〇〇人と言います。

兵数の画期となるのが応仁の乱。ここで「足軽」が登場しました。足軽は農村の中核をなす本百姓《ほんびやくしよう》が戦場で暴れる姿だと考えられます。その証拠に、足軽が出てくると、農村勢力が主力となる「一揆《いつき》」が見られません。政治権力は村落から農民を戦場に連れ出すほどに成長したのです。応仁の乱の主役の一人、畠山義就《よしひろ》は騎兵三五〇、歩兵二〇〇〇を率いたと言いますが、これも兵力の基本となる数字です。

このの ち歴史には戦国大名が登場しますが、彼らは自国の農民を合戦に駆り出しますので、万を数える大軍が出現することになる。その大軍が優勝劣敗の戦いを繰り広げた末に、統一権力が生まれるのです。

それほど兵力差はなかった⁉　桶狭間の戦い

ここからは、天下人《てんかびと》となった三人（織田信長、豊臣秀吉、徳川家康）の戦いを見ていきます。まずは織田信長です。

信長の生涯を考えた時に、やはり転機になったのは一五六〇（永禄《えいろく》三）年の桶狭間の戦いでしょう。東海の雄・今川義元《いまがわよしもと》を討《う》ち取って信長の名を一躍《いちやく》全国に轟《とどろ》かせたこの合戦は、今川勢二万五〇〇〇、織田勢二〇〇〇とウィキペディアに記されます。ウィキペディアは何を根拠にしているかと言えば、『信長公記《しんちょうこうき》』（太田牛一《おおたぎゅういち》著）と思われます。この資料は今川勢四万五〇〇〇としていますが、これは軍記でよく見られる誇張表現で、まあ二万五〇〇〇くらいが妥当だろう、ということで現状に落ち着いているのかもしれません。

また、ある戦国史研究者は、『信長公記』をよく読んでみよ、信長が奇襲をした、などとはどこにも書かれてない。信長は正面から今川勢に戦いを挑み、勝ちきったのだ、と説いて注目を浴びました。

これらの点についてのぼくの感想は、資料も嘘を書くことを忘れてはならない、です。

文字資料は人の手によるものですので、無自覚に、あるいは意識的に嘘をつく。資料に書いてあることを疑うのなら歴史学は学問として成り立たない、などと言う人がいますが、これは資料を疑うのが面倒くさいだけ、能力が足りないだけです。歴史を解釈するには、①良い資料を選択して立論の論拠とする。次いで、②資料を疑って立てた論を再度検証する。この繰り返しの作業が必要なことは自明だと思います。

良質な資料にもまちがいはある。論より証拠、一部の研究者が金科玉条《きんかぎょくじょう》のように扱う『信長公記』は、桶狭間の戦いの年次からして誤っている。永禄三（一五六〇）年とすべきを、天文《てんぶん》二一（一五五二）年としている。ですので、資料は鵜呑《うの》みにせず、冷静に吟味しなければいけないのです。

基本的に桶狭間の戦いは今川義元にとって、有意義ではあるが、絶対になさねばならぬ、という種類の合戦ではない。つまり、上洛が目的の合戦でもなかった。彼が目的としたのは、鳴海《なるみ》城（並びに大高《おおだか》城）を今川領として、知多《ちた》半島方面への支配権を確保することでした。要するに領地の拡大を目論《もくろ》んだもので、今川家の存亡に直接はかかわらない。だとしたら、農村の疲弊などにはかまっておれん、というふうには兵を集めていないはずです。

とすると、今川領は駿河《するが》（現・静岡県中東部）一五万石、遠江《とおとうみ》（同西部）二五万石、三河《みかわ》（現・愛知県東半部）三〇万石（完全に今川領と仮定する）で、合計七〇万石。兵は多くても二万弱。駿河の守備兵を引くと（桶狭間の戦いで駿河の有力家臣は戦死していない）、遠征に従軍したのは一万七〇〇〇くらいでしょうか。

いっぽう、信長勢は二〇〇〇とも三〇〇〇とも言われていますが、本当にそうなのか。まだ信長が尾張《おわり》（現・愛知県西部）を統一したばかりの頃です。だからこそ、今川義元もちょっかいを出したわけですが。

信長は尾張を完全に掌握していたわけではないので、尾張の領地全体から兵を集めるのは困難だったかもしれない。しかし、信長にすれば、生きるか死ぬかの瀬戸際での戦いです。必死になって集められるだけ兵を集めれば、かなりの数が集まったのではないか。しかも当時、尾張は五七万石の石高《こくだか》があった。これは駿河、近江、三河を合わせたくらいに匹敵する。そこで、ぼくは織田軍も一万五〇〇〇くらいは集められたんじゃないかと推察します。こうなると、今川軍一万七〇〇〇に対し、織田軍一万五〇〇〇。ほぼ互角です。

しかも片方は遠征軍なのに対し、片方は領地を守る戦いをすればいい。つまり、信長は奇襲なんかする必要がなかった。

奇襲の典型は大坂夏の陣（一六一五年）です。圧倒的に兵数が劣る軍勢を率いた真田信繁《さなだのぶしげ》（幸村《ゆきむら》）は「徳川家康の首を取れ！」と、まっしぐらに本陣に突撃していって討《う》ち死《じ》にしました。

しかし、桶狭間の戦いでは義元だけでなく、今川側の名だたる武将が戦死している。奇襲ではなく、総力戦だったから、こういう結果になったと考えるほうが自然です。つまり兵力が二万五〇〇〇対三〇〇〇なんてことじゃなく、互角に近かったから、信長は勝利できたのだと思います。もちろん、今川の大軍を分散させる戦法を取るなど、信長が武将としての才腕を発揮したことは認めなければいけません。

桶狭間の戦いが奇襲の成功例と語られるようになったのは、実は明治以降です。この頃から「小よく大を制す」、「柔よく剛を制す」といった考え方が、福本日南《ふくもとにちなん》や徳富蘇峰《とくとみそほう》ら在野の歴史研究者によって、もてはやされるようになりました。弱者が戦術や創意工夫で劣勢をひっくり返して強者に打ち勝つというストーリーは、日本人のメンタリティにも訴え

「桶狭間」の場所

『信長公記』によれば、桶狭間の戦いの舞台となったのは「おけはざま山」。だが、その場所については諸説ある。写真は候補地のひとつ、愛知県名古屋《なごや》市緑《みどり》区桶狭間北3丁目に、合戦から450年目の2010年に整備された「桶狭間古戦場公園」。織田信長（左）と今川義元の銅像がある。また、ここから北東に1キロメートルほど離れた同県豊明《とよあけ》市栄《さかえ》町には国指定史跡「桶狭間古戦場伝説地」も存在する。正確な場所を特定するのは難しいと思われるが、このエリアを中心に合戦が行われたのはまちがいないだろう。

たのでしょう。

　余談になりますが、ぼくが「小よく大を制す」戦いとして真っ先に思い出すのは、有田《ありた》中井手《なかいで》の戦い。「西の桶狭間」とも言われる、毛利元就《もうりもとなり》の初陣です。この時、攻める安《あ》芸《き》国（現・広島県西半部）の武田元繁《たけだもとしげ》の軍勢五〇〇〇に対し、守る毛利は一二〇〇。毛利軍は約四分の一しかない兵数で、正面からぶつかって武田軍に勝ってしまった。元繁は戦死しました。しかし、どうやって毛利が勝ったかは今もってわかっていない。「窮鼠《きゅうそ》猫を嚙《か》む」じゃないけど、軍勢では圧倒的に不利な毛利軍が死に物狂いで戦ったのはまちがいないでしょうが。

有田中井手の戦いに比べれば、桶狭間の戦いにおける信長の勝算は高かった。しかし、これ以降、信長は自軍の兵力が相手と互角、もしくは劣るような戦いは一度もしていないし、奇襲も行っていません。好機を見計らって、相手の軍を大きく上回る兵力を猛スピードで動かし、勝つべくして勝ち続けたのです。

織田信長が認めた「こっち側」の人間

ここで、信長の死生観について考えてみたいと思います。

その前に筆者がしゃしゃり出ます。ぼくは最近、いい年であることに、否応《いやおう》なしに気づかされることが多くなりました。体はあちこち痛んで言うことを聞かない。原稿を書くペースも明らかに落ちている。物忘れがひどい。定年後はどうやって食べていこう。とまあ、苦虫を嚙み潰しながら、思い悩む日々です。じゃあ死んだらいっそ楽になる、と思い切る方向に舵《かじ》を切るかというと、それはない。コレをやり遂げたい、コレを食べてみたい、ココに足を運んでみたい、などの格別な目的はない。でも意地汚く生《せい》にしがみつく。若い頃に軽蔑していた「かっこわるい」人間に、いつのまにか自分がなっている。

だからこそなのか、使命に誇りを持って、自らを犠牲にした人たちが以前よりずっと尊《とうと》く感じられるようになりました。たとえば特攻隊の若者たち。玉砕《ぎょくさい》を命じられた兵士たち。国を、家族を守るために、将来も夢も捨てて敵艦・敵陣に突撃する。どれほどの恐怖と覚悟があったでしょうか。ぼくが同じ環境にいたらどうか。抗命して逃げ出すだろうか、などなど自問せずにはいられません。

戦国時代に合戦に参加する人たちも、おそらく討ち死にの恐怖と戦っていたでしょう。手柄を立てることと、命を投げ出すことの選択が常に眼前にある。上杉謙信は「死なんと戦えば生き、生きんと戦えば必ず死するものなり」と述べたそうですが、戦場というのは、生死の境界が明滅する、実に恐ろしいところだと思います。

ですから、戦国武将は深いか浅いかの別はあっても、一応は「討ち死に」の覚悟を持っていたに違いない。そうせざるを得ない苛酷《かこく》な立場だった。「人間《じんかん》五十年、化天《けてん》のうちをくらぶれば夢幻《ゆめまぼろし》の如《ごと》くなり、ひとたび生《しょう》を受け、滅《めっ》せぬ者のあるべきか」と謡《うた》っていた信長は、その覚悟を強烈に持っていたと想像します。

ふと、ぼくの脳裏を、在原業平《ありわらのなりひら》が八八〇（元慶《がんぎょう》四）年に五六歳で没した際の、あまりにも有名な歌がよぎります。

つひにゆく　道とはかねて聞きしかど　昨日今日とは思はざりしを（『古今和歌集《こきんわかしゅう》』）

定年を目前にした現在のぼくの気持ちがまさにこれ。定年の向こう側には、人生の終焉も見えているのだと思います。

この歌をもって、業平が死に鈍感だったというのは誤りです。平安貴族は上下貧富関係なく、実に簡単に亡くなる。病気になったら加持祈禱《かじきとう》しか施《ほどこ》す手立てがなく、栄養が偏《かたよ》っているので二十代での病死があたりまえにあった。死は人知を超えたところに潜んでいて、日々思い悩んでも詮方《せんかた》ない。だから、あえて意識の遠いところに置いておいたのでしょう。

いっぽう、合戦の場を往来した武士には「人の殺意による死」が絶えず襲ってくる。だから意識の外に放置する、は不可能です。対処法は二つしかない。できるだけ遠くに逃げるか、自発的に死に立ち向かっていくか。

ぼくは逃げたい。一兵卒として戦場に連れて行かれることがあれば、うしろのほうで「わひゃあ」とか意味不明な叫び声だけ上げて、槍を合わせない。一《いち》か八《ばち》か、死んだふりをして転がっておくのも良いかもしれない。出世なんてできなくても命あっての物種《ものだね》だ、と思うでしょう。

でも、織田信長はそれを許さなかった。彼は、命をかけて死に立ち向かった者だけを認めたのです。有名な話では蒲生氏郷《がもううじさと》。彼は鶴千代《つるちよ》だった時期に、信長のもとで人質生活を送っていました。彼のような少年は相当数いたはずで、そのなかで鶴千代は抜きんでた才能を示していたのでしょう。元服《げんぷく》後に初陣を飾り、名のある武士の首を獲得して帰陣すると、信長は娘を彼に娶《めと》らせたと言います。

合理的に考えると、氏郷は小なりとはいえ、大名（蒲生氏は近江国蒲生郡の日野《ひの》城主）の跡継《あとつ》ぎでしたから、自身が組み打ちする必要はないのです。また、織田家の娘婿にふさわしい待遇を受けるとなれば、部隊を指揮する能力は要求されても、一対一の戦闘能力は不要です。でも、信長は「命がけの殺し合い」を遂行した氏郷を評価した。

ベースには、彼が人質生活のなかで示した非凡な才能があった。加えて、戦場で彼は死の恐怖に怯《ひる》まず成果を出した。そのことをもって、信長は氏郷を「こっち側」の人間だと認めた。民俗学で言う「大人になるための通過儀礼」に似ています。

成果を残せなかった実例が万見重元《まんみしげもと》(仙千代《せんちよ》)です。彼は信長が寵愛《ちょうあい》した小姓《こしょう》で、森《もり》蘭丸《らんまる》の先輩でした。とても有能な青年で、周囲は彼を、織田家の次世代の幹部として期待していた。でも、信長はそうした有為な人材も特別扱いせず、戦場に送り出した。そしてここが合戦の怖いところなのですが、仙千代はただあっけなく、何の見せ場もなく、戦死してしまった。この時信長は、ああ失敗した、もったいないことをした、ではないのです。あいつは「こっち側」に来られなかった。それはそれで仕方がない、なのです。

パワードスーツがはじめて登場する、あまりにも有名なSF小説、ハインラインの『宇宙の戦士』において、主人公リコは将校になるための最終試練として実戦に出ます。彼は何とか敵のクモもどきを制圧して帰還し、見事《みごと》少尉に任じられます。ですが、末は大将か元帥か、と嘱目《しょくもく》されていた彼の友人は、試練の戦場から帰れませんでした。一軍の将が自らクモもどきと格闘する必要などありません。でも、命を張った実戦を経験してこそ、軍を統率できる。リコの軍の思想も、織田軍と同じです。出世を約束されていたこの優秀な友人（名前を失念しました）は、信長が想定する「こっち側」に来られなかったのです。

西郷隆盛《さいごうたかもり》も、明確に「こっち側」を設定する人だったようです。というのは、彼は外交ができる、経済もよくわかる、明治新政府最高の人材であった大隈重信《おおくましげのぶ》を認めなかったのです。それは、大隈が幕末維新の激動のなかで「自らの手を血で汚した経験がない」から。ああいう奴はイザとなった時に腰砕《こしくだ》けになる。山県有朋《やまがたありとも》（どう見ても能吏《のうり》タイプではありませんよね）のほうが信頼できる、というわけです。もっとも後年、爆弾を投げつけられた際、大隈は泰然自若としていたそうで、西郷の評価は的外《まとはず》れだったようですが。

業平にとって、死は否応なく、向こうから迎えに来るものでした。かたや信長は能動的に死にチャレンジしていく。言葉にするなら、「常在戦場《じょうざいせんじょう》」ということになるでしょうか。それが良いか悪いかの評価は措《お》きます。でも、定年でくよくよしているぼくなどは、信長の足元にもおよばない。彼ならば、本能寺《ほんのうじ》でも従容《しょうよう》として死んでいったことでしょう。格別に思い残すこともなく。死は彼にとっての「こっち側」、まさにホームだったのですから。

挟撃の恐怖、朝倉攻め

二度にわたって上洛を促《うなが》しながら、これを丸無視した越前国《えちぜんこく》（現・福井県東部）の朝倉《あさくら》義景《よしかげ》に対し、織田信長が京都から敦賀《つるが》に侵攻したのは、一五七〇（元亀元）年のことです。加勢した徳川家康と共に三万とも言われる大軍を率いて、朝倉氏の前線基地である金《かな》ヶ崎《さき》城を落とすなど、戦いを優勢に進めました。

ところが、古くから朝倉家と同盟関係にあった浅井《あざい》家の当主・長政《ながまさ》が反旗を翻《ひるがえ》します。長政の妻は信長の妹・お市《いち》の方《かた》。この縁を利用して、信長は長政と同盟を結んでいました。ただし、同盟の条件がひとつ。それは信長が朝倉氏とは戦わないことでした。この誓いを信長が破ったために、長政は苦渋《くじゅう》の決断をし、信長に兵を向けます。

こうして、信長軍は北の朝倉軍と南の浅井軍の挟《はさ》み撃ちに遭《あ》ってしまった。信長は「これはヤバいぞ！」と思ったことでしょう。撤退を決断すると、わずかな兵を残して、猛ダッシュで京都へ逃げ帰ってしまったのです。

しかし、ぼくはこの時の信長の行動が腑《ふ》に落ちない。なぜ、三万の軍勢を分散して、いっぽうは朝倉軍に、いっぽうは浅井軍に向けなかったのか。

そもそも織田軍、朝倉軍、浅井軍の兵力はそれぞれどれくらいだったのか。各軍の兵力を検証してみましょう。まず織田軍の兵力三万というのはまちがいない。兵力については、司馬遼太郎《しばりようたろう》さんの小説に書かれている「四〇万石で一万の兵士」という計算式を用いています。当時の信長が支配していた領地を考えると、一二〇万石は優に超えており、三万くらいはすぐに集まったと思われます。いっぽう朝倉氏は越前一国、五〇万石くらいが支配下にあった。だから、一万二〇〇〇〜一万三〇〇〇くらいは動かせたでしょう。

さて、問題は浅井長政。浅井氏がどのくらの領地を支配していたかは正確にはわかっていません。ぼくは一〇万石程度ではなかったかと推察します。というのも、羽柴《はしば》（豊臣）秀吉は浅井長政を滅ぼした功労者として、信長から浅井家の本拠である小谷城《おだに》（現・滋賀県長浜市《ながはま》）とその領地をもらっていて、これが、どうやら一〇万石ほどだったようなのです。小谷城は山の中にあり、不便で使いづらい。そのため、秀吉は長浜（同）に城を築いたとも言われます。浅井長政は一〇万石ほどの大名だったとすれば、その兵力はどんなに必死でかき集めても三〇〇〇程度でしょう。

つまり、三万の織田軍が対したのは、朝倉軍一万三〇〇〇と浅井軍三〇〇〇にすぎません。そこで、軍事の専門家でもないぼくはこう考えるわけです。これだけの兵力の差があれば信長は部隊を分散し、北の朝倉軍に二万を、南の浅井軍に一万を振り向けることも可能だったのではないか。仮に信長自身が退却するにしても、一万の兵力で三〇〇〇の浅井軍を踏み潰し、蹴散《けち》らしながら、粛々と岐阜に帰っていけばいい。ところが、信長はすべてを投げ捨てるようにして、京都にトンずらこいてしまった。ぼくには、これが長年の疑問でした。

そんな疑問に答えてくれたのが、防衛庁の研究機関である防衛研究所の人たちです。ぼくはこの防衛研究所で話をする機会があり、なぜ信長が早々に京都に逃げ帰ってしまったかを聞いてみたのです。軍事の専門家の考えることなので、説得力がありました。

最大の理由は、補給路の問題だろうと指摘されました。どんなに大きな軍隊であっても、ご飯を食べられなかったら、満足な戦いはできません。おそらく、この時の織田軍は

織田信長と安土城

1576(天正4)年1月、織田信長は丹羽《にわ》長秀《ながひで》を総奉行として、安土山に築城を開始した。これが岐阜城に代わる本拠となった安土城である。普通、城のなかの道は敵の侵入を阻《はば》むために細く、曲がりくねって造られる。ところが、この城では大手門《おおてもん》から、写真のように幅6メートルの道が180メートルもまっすぐに延びている。信長は安土城を防御拠点としてよりも、政治・経済のセンターとして捉えていたのではないか。

浅井長政が味方であることを前提に補給路を形成していたはずです。長政が反旗を翻したら、この補給路が断《た》たれ、織田勢は干上《ひあ》がってしまいます。信長が「これはもう逃げたほうがいい」と考えるのもわかります。もうひとつの理由は、恐怖感。信長も人の子なんですね。やはり、挟み撃ちが相当怖かったんだろうというのが、専門家の見立てでした。

ぼくら歴史学者は織田軍三

万、朝倉軍一万三〇〇〇、浅井軍三〇〇〇というそれぞれの兵力を知っています。だから、なぜ三万の軍勢をうまく分散することができなかったのか、と考えるんですね。でも、それはあとづけでわかっていることにすぎません。実際に戦っている当事者たちは、大ざっぱな兵力を把握していても、未知数の部分が大きい。計算違いだってある。そうなってくると、冷静でいられるわけがありません。しかも、この時代の兵士の多くを占めるのは農民兵、戦闘のプロではないわけです。彼らが背後からの攻撃に対して浮き足立ってしまったら、これを統率する手立てはありません。

こうした二つの理由から、信長は下手な手を打たずに、一目散に退散したのだろう。それが現代の軍事専門家の分析でした。なるほどなあと思いましたね。特に、二番目の挟み撃ちや背後からの攻撃に対する恐怖感は、非常に興味深い考察です。

ぼくが思い出したのはプロレスラーのルー・テーズだったか、カール・ゴッチの言葉「リング上で、ぎりぎり二人までなら何とかなるけど、それ以上を相手にするとなると、勝つことはできない」です。これは相手が三人までなら、彼らを自分の視界に入れて戦える。しかし、四人以上を相手にした場合、誰かが必ず背後に回る。そうなったら、とてもじゃないけど勝負にならないということのようです。

さらに、背後に立たれることを極度に嫌った人物に、さいとう・たかを原作の漫画『ゴルゴ13』の主人公デューク・東郷がいます。「狙われたらアメリカ大統領でも助からない」と言われる腕前を持つ殺し屋でさえ、うしろからの攻撃には対処できないわけです。

もうひとつ、おもしろいエピソードをご紹介しましょう。プロボクシングの元世界チャンピオンであるガッツ石松《いしまつ》さんが、池袋《いけぶくろ》で弟たちを助けるために大乱闘事件を起こした時の話です。ガッツさんは十数人のチンピラを相手にしましたが、彼は敵を路地に誘い込むと、前から来る相手を順にパンチで倒していきました。もうおわかりですよね。ガッツさんが路地を戦いの場所に選んだのは、一人ずつ敵を倒すためであると同時に、敵に背後から襲われるのを避けたかったからです。

これらはいずれも個人の話です。いっぽう、信長は数千人の軍勢が相手でした。しかも、相手の兵力は正確には把握できない。そんな軍勢に背後から攻められたら……。軍事専門家が指摘するように、恐怖感が軍事行動を大きく左右するのはまちがいなさそうです。

長篠の戦いは、砲兵より工兵を重視

一五七五（天正三）年、織田信長・徳川家康連合軍は、設楽原《したらがはら》（現・愛知県新城市《しんしろ》）で、武田勝頼《かつより》軍に大勝しました。いわゆる長篠の戦いです。その勝因は、信長が鉄砲を大量に用いた戦法にあったことは教科書にも書かれています。一説には、使われた鉄砲は三〇〇〇挺《ちょう》とも言われます。しかし、信長は本当に鉄砲の力だけで勝ったのでしょうか。

実際に合戦が行われた現地を訪ねてみればわかりますが、これが思っている以上に狭い。また、設楽原の草原の中央を流れる連吾川《れんごがわ》も大きな川ではありません。武田軍と織田軍の陣地も案外近く、映画やドラマなどで描かれる風景とはかなり異なります。ここで鉄砲攻撃をするとなると、巷間《こうかん》言われる「三段撃ち」なんてまずできないでしょう。「撃てー」の号令で一斉射撃を行うわけですが、使っているのは火縄銃《ひなわじゅう》です。弾丸の装塡《そうてん》には最低でも三〇秒はかかります。次の一斉射撃をする前に、騎馬隊があっというまに迫ってきます。

さらに、当時の織田軍の鉄砲隊はしっかり訓練され、統率の取れた組織ではなかったと考えられます。鉄砲隊を率いていたのは前田利家《まえだとしいえ》や佐々成政《さっさなりまさ》のような信長の親衛隊長と言ってもいい武将でした。たまたま鉄砲隊を率いることになっただけで、他の戦場で頻繁に鉄砲を扱っていたわけではありません。実際、他の戦いで鉄砲隊が活躍した事実はないし、その後もそのような記録はありません。長篠の戦いから本能寺の変まで七年あるわけですが、この間に鉄砲隊が使われた形跡がほとんどないのです。

おそらく、信長はいろんな場所に分散していた鉄砲隊をはじめて一カ所に集めて配備したのでしょう。その意味では、歴史的にも画期的な戦い方だったと言えます。しかし、織田軍の鉄砲隊は無敵だった、織田軍が常に鉄砲隊を使って戦いを有利に進めた、というのは事実とは少々異なります。

もちろん、信長が他の大名に先駆けて、逸早《いちはや》く鉄砲という攻撃力を手に入れていたのはまちがいありません。それだけの資金力がありました。鉄砲を国内で作れるようになっても、火薬に必要な木炭、硫黄《いおう》、硝石《しょうせき》のうち、硝石は日本では採れないので、輸入しなければなりません。商人から買うとなると、べらぼうな費用が必要となる。領地内に港があれば自ら輸入できます。経済力に恵まれ、港を持っていた信長は、他の大名よりもはるかに有利に鉄砲と火薬を揃《そろ》えることができたわけです。

話を長篠の戦いに戻しましょう。長篠の戦いを勝利に導いた一番の要因は、戦国最強とも言われた武田軍の騎馬隊を阻止するために馬防柵《ばぼうさく》という野戦築城《やせんちくじょう》を行ったことにあります。野戦築城とは平地を要塞化する土木技術のことで、具体的には塹壕《ざんごう》、空堀《からぼり》、植林などにより防御態勢を高めます。

信長は事前の情報収集により、設楽原一帯には丸太になるような樹木がないことがわかっていました。そこで、岐阜城から、馬防柵に用いる丸太を兵一人につき一本を運ばせました。こうして運んだ丸太と縄で組んだ馬防柵を、連吾川西岸に築いたのです。その長さは約二キロメートル。さらに、柵の前には空堀を掘り、掘り出した土で土塁《どるい》を築きました。

馬防柵の内側に配したのは、もちろん鉄砲隊。鉄砲を撃つ足軽にとって最大の恐怖は、騎馬武者が自分に向かって突進してくることですが、馬防柵があれば安心して、あわてることなく狙いを定めて、鉄砲を撃つことができます。

ところで、戦国時代は騎馬隊なんて存在しなかった、と言う人がいます。彼らは、日本の馬は小型で、戦場では大して役に立たなかった。騎馬隊らしきものがあったとしても、それは小型の馬が武士を戦場まで連れて行くのが役目で、実際に戦う時にはわざわざ馬から降りた、と言うのですが、ぼくはこれに異を唱えたい。

まず戦国時代に武士が乗っていた馬が小さかったというのが、大きなまちがい。日本の原産馬はそれなりに大きかった。たとえば、明治天皇が騎乗していた金華山号《きんかさんごう》は、名馬の産地として知られる南部《なんぶ》産で剝製《はくせい》になっているため、今も見ることができます。

日本は明治になって陸軍が騎馬隊を強化する際、ヨーロッパ産の馬と日本の原産馬を掛け合わせました。その頃は原産馬を守ろうなんて考え方はなかったのでしょうね。だから原産馬は絶滅しました。こうした事情から、戦国時代の騎馬隊に用いられたのが小型の馬だったという説が独り歩きしたのかもしれません。

さらに、騎馬隊が馬から降りて戦ったというのもまちがいです。馬に限らず、大型動物の突進力はものすごい。そのエネルギーは人間とは桁違《けたちが》いです。それは、道路から飛び出してきた熊や鹿が自動車に激突する動画を見ればよくわかります。熊や鹿が跳ね飛ばされたとしても、自動車の車体も驚くほど破損しています。ドライバーがケガをするケースだってある。長野や北海道などの山間部の夜道を走るドライバーは、「幽霊なんかより、鹿のほうがよほど怖い」と言うくらいです。

馬の突進力は鹿以上でしょう。なのに、わざわざ降りて戦うなんてことは考えられません。自らアドバンテージを捨てることをするでしょうか。仮に下から槍で刺されるなどして馬から降りることはあっても、それまでは馬に乗っていたほうが明らかに優勢です。だから、騎馬隊は存在していたと考えるほうが自然なのです。

信長は、最強と謳われた武田軍の騎馬隊を打ち破るために馬防柵を築き、その内側から鉄砲隊に一斉射撃をさせました。野戦築城がいかに効果的だったかわかります。

馬防柵、空堀、土塁で築いた陣地は、攻撃側にとっては城を攻めるのと同じです。通常、城を攻めて勝利するには、敵軍の三倍以上の軍勢が必要だとされます。しかし、長篠の戦いにおける両軍の兵力は、武田軍一万五〇〇〇に対し、織田・徳川連合軍は三万八〇〇〇。しかも馬防柵の内側には鉄砲隊が待ちかまえていたのだから、はなから勝負にならなかったでしょう。織田・徳川連合軍が大勝するのは道理なのです。

なお、なぜ武田軍が突進したか、については第三章で述べます。そこには、目に見えない功績が隠れています。

羽柴秀吉の機動力〜中国大返しと美濃大返し

次に、豊臣秀吉の戦いを見てみましょう。秀吉が戦術家として非常に優れた武将であったことは言うまでもありません。とりわけ、高速で自軍を移動させることにかけては天才的でした。それを鮮《あざ》やかに見せつけたのが、世に言う中国大返《ちゅうごくおおがえ》しです。

一五八二（天正一〇）年六月、天下統一を目前にした織田信長は、明智光秀《あけちみつひで》の謀反《むほん》により本能寺で敗死します。歴史好きの方でなくてもよく知っている本能寺の変です。秀吉は主君の死を知ると、即座に行動を開始。交戦中だった毛利氏と和睦し、光秀を討つために二万の大軍を率いて大移動しました。備中高松城《びっちゅうたかまつ》（現・岡山市）から京都の山崎《やまざき》まで、わずか七日間で約二〇〇キロメートル。そして、山崎の合戦で、見事に光秀を討ちます。

それにしても、秀吉はなぜこんな猛スピードでの大移動ができたのでしょうか。

現代の軍隊のように訓練された兵隊なら可能かもしれない。実際、自衛隊の教本には銃や戦闘に必要な道具等をリュックに詰めた状態で、一日二〇キロメートルを走破する訓練について書かれています。ところが、秀吉率いる大軍は七日間で二〇〇キロメートル。一日に三〇キロメートル近く動いた計算になります。しかも二万の軍勢のうち、七割以上は農民兵。プロの兵士ではありません。途中で離脱し、逃げちゃう可能性だってある。にもかかわらず、大移動を成功させたのだから、秀吉がマジックを使ったとしか思えない。

マジックのひとつとして考えられるのは、船の使用です。兵士が着ている兜《かぶと》や鎧《よろい》や、笠に至るまですべて脱がせ、それを船で運んだ。つまり、兵士は褌《ふんどし》一丁で、一日三〇キロメートルを七日間走らされたわけです。

この時、効果的だったのが、秀吉が中国攻めの際、途中に拠点を設けて宿泊ができるようにしていたことです。兵糧も蓄《たくわ》えていました。つまり、大移動が可能なインフラがあらかじめ整備されていたのです。いくつかある拠点のうち、一番重要だったのが姫路城《ひめじ》(現・兵庫県姫路市)でした。秀吉はここに蓄えてあった金銀財宝や米を身分に応じて分配したのです。どうやら、勝った時の褒美《ほうび》についても約束し、兵士のモチベーションを高めたようです。

信長が、働かなければ殺されるかもしれないという「恐怖」で兵士を支配したのに対し、秀吉は人間なら誰でも持つ「欲望」に訴えて兵士をコントロールしたわけです。

光秀の最大の誤算は、秀吉の過去に例のない大強行軍でしょう。当時、秀吉は中国地方に、織田家第一の家臣である柴田勝家《しばたかついえ》は北陸に、宿老の滝川一益《たきがわかずます》は関東にいました。そんな時に本能寺の変が起き、織田家は一気にカオスの状態になってしまった。光秀は他の大名が準備を整える前に畿内《きない》（都《みやこ》のある山城《やましろ》国、大和《やまと》国、摂津国、河内国、和泉《いずみ》国）を制圧すれば、未来は開けると踏んでいたでしょう。そんなところに、秀吉が常識破りの行動をしたために、想定外の事態となってしまった。

適切な例ではないかもしれませんが、株価が乱高下したり、競馬で万馬券が次々に出たり、場が大荒れになることがありますよね。こうした時には「見《けん》に回れ」という鉄則があります。つまり、鉄火場《てっかば》に手を突っ込むと危ないから、様子見しろと。

本能寺の変の直後も言ってみれば、鉄火場のような状態です。秀吉以外の大名は見に回り、秀吉だけが鉄火場に手を突っ込んだ。そして、見事に光秀を討ち果たした。つまり、一世一代の大博打《おおばくち》に勝ったわけです。非常識な秀吉を前に、常識人だった光秀は目算が狂ってしまったとも言えるでしょうか。

常識人と言えば、鉄火場で見に回ったために、千載一遇のチャンスを逃してしまった柴田勝家もまさにそう。そんな常識人の勝家と非常識の人である秀吉が戦ったのが賤《しず》ヶ岳《たけ》の戦い（現・滋賀県長浜市）です。この時、秀吉はさらに大胆なことをやってのけました。それが美濃《みの》大返しです（美濃は現・岐阜県南部）。

一五八三（天正一一）年三月、天下人を目指す秀吉は五万の兵を率いて、柴田勝家の三万の軍勢と対峙します。両軍は睨《にら》み合いながら、競うように防塁を築き、陣地を強化します。そうです、野戦築城です。前述したように、野戦築城によって形成された陣地は、攻める側にとっては城に匹敵します。つまり、守る側の三倍の兵力が必要となる。だから、先に動くのは明らかに不利です。両軍共に、迂闊《うかつ》に手を出すことができません。

さて、ではどちらが先に動いたのか。

ぼくは、この膠着《こうちゃく》状態から、クリント・イーストウッド主演、セルジオ・レオーネ監督の『続・夕陽のガンマン』を思い出します。映画の終盤、イーストウッド、リーヴァン・クリーフ、イーライ・ウォラックの三人のガンマンが宝の隠し場所をめぐって決闘することになるのですが、三人とも腕が腰の拳銃に伸びたまま動けません。まさに三すくみの、緊迫した状態がしばらく続きます。一瞬速く発砲したのはイーストウッド。クリーフを撃ちました。実は、ウォラックが持っていた銃はイーストウッドによってあらかじめ弾丸が抜かれていたのです。つまり、イーストウッドは策を弄することで、この決闘に勝利したのです。

賤ヶ岳の戦いで先に動いたのも秀吉です。秀吉は一旦戦場を離れ、岐阜城にいた織田信《のぶ》孝《たか》を牽制します。信孝は信長の三男で、勝家陣営の盟主です。秀吉は、この機に討つことができれば儲けもの、相手の出方次第で戦い方を変えればいい、と考えたのでしょう。いっぽう、秀吉の不在を知った柴田陣営は、佐久間盛政《さくまもりまさ》が秀吉の留守部隊に猛攻を仕掛けます。この知らせを大垣《おおがき》（現・岐阜県大垣市）で受けた秀吉は、まるで待っていたかのように、軍を返します。これが美濃大返しと言われる大移動です。

驚くべきはそのスピード。午後二時に大垣を発《た》つと、午後七時頃（午後九時との説もあり）には賤ヶ岳に帰ってきました。約五二キロメートルの距離をわずか五時間で移動してしまった。中国大返しより、さらに速い。そして、そのまま柴田勢との合戦に雪崩《なだれ》込みました。勝家も秀吉が戻ることはある程度想定していたでしょうが、これほど速いとは思っていなかったはずです。しかも、すでに柴田勢は陣地から出ているので、ここからは平地での戦いとなりました。こうなると兵士の数が物を言う。秀吉の軍勢五万に対し、柴田軍は三万。勝敗は火を見るより明らかです。

美濃大返しを成功に導いた要因として、中国大返しの時と同様にインフラの整備が挙げられます。秀吉は街道沿いの村々に使者を送って、報酬を与え、炊き出しと松明《たいまつ》の用意を命じていました。つまり、握り飯を食べながらの行軍だったわけで、兵士のエネルギー補給の点でもぬかりはありませんでした。

結局、柴田勢は前田利家の裏切りなどもあって、あっというまに瓦解し、潰走。勝家がお市の方と共に北《きた》ノ庄《しょう》城（現・福井市）で自害したのは、戦いから三日後のことでした。

両軍が陣地をかまえ、睨み合った場合、先に動いたほうが負けるというのは戦国時代の鉄則です。しかし、秀吉はこのセオリーに反し、動いて、動いて、勝機を摑むという革新的な戦術で成功しました。行軍、すなわち兵站《へいたん》において、彼は天才でした。

関ヶ原の戦いの本質①〜徳川家康の振るい分け

天下人の戦い、最後は徳川家康です。

家康は生涯、多くの合戦を経験していますが、そのなかでも、彼を天下人に押し上げた関ヶ原の戦いを取り上げます。というのは、日本史上で非常に大きな意味を持つ、この戦いについて、トータルで話ができる人がいないからなんです。みんな些細《ささい》なところばかりにこだわる。それは「精緻《せいち》」ではなく、「視野が狭い」ということじゃないかな。そこで議論の叩《たた》き台《だい》として、包括的な解釈を書いていきたいと思います。異論は当然、ありです。

関ヶ原の戦いとは、狭義では一六〇〇（慶長五）年九月一五日に美濃・関ヶ原の地（現・岐阜県不破《ふわ》郡関ケ原町）で、いわゆる東軍と西軍が激突した合戦を指します。ですが、この局地戦、この一日が「関ヶ原」ではないんですね。もっと視野を広げないと、「関ヶ原」はわからない。日本列島規模で考えた時の徳川家康の戦いを「関ヶ原」と表現しながら、なぜ家康が天下人になったのか、なれたのかを、考えていきましょう（この問いは重要なので次章でも詳述します）。

まず大前提として、家康は「大きな戦い」を欲していました。時代が変わるには「大きな戦い」を引き起こし、みんなが見ている前で、それに勝利する必要があります。確かに、いつのまにか天下の実権を奪う、というやり方もありえる。でも、それでは心に不満を抱く勢力がいつまでも反乱を起こす。だから、「大きな戦い」に勝利することで、ああ、あの人が次の天下人なんだな、と人々を納得させねばならない。これは、当時は力を失っていた朝廷から名ばかりの征夷大将軍《せいいたいしょうぐん》に任じられることなどより、よほど重いことです(まあ、ここで多くの研究者、権威大好き、京都大好きな研究者と意見が分かれるでしょうね……苦笑)。

こうした考えは、たとえば明治維新の時の西郷隆盛も持っていました。いわゆる「武力革命」論ですね。実は徳川慶喜《よしのぶ》(第一五代将軍)の処刑を最後まで主張していたのは彼だった(「大久保利通文書《おおくぼとしみちもんじょ》」)。慶喜に切腹を命じれば、旗本《はたもと》・御家人は慶喜を守って江戸城に立て籠《こ》もらざるを得ない。すると江戸での攻防戦は避けられない。それで良い。人々の眼前で江戸城と江戸幕府が崩れ落ちる様《さま》を見せる。それが新政府の出発になると西郷は考えたのでしょう。

けれど、江戸での戦《いくさ》を避けて一〇〇万都市のインフラを保存し、明治新政府の首都とする、という方法論もあった。そのため結局は江戸無血開城→東北・蝦夷地《えぞち》での戦争、というように西郷の考えは変わっていったのだと思います(具体的には、西郷が参謀となった

「東国討伐軍」が京都を出発する時には「慶喜処刑」だったが、軍勢が駿府《すんぷ》に到着した時には、「慶喜助命」に方針が変化していた）。もしかすると、そこを徹底しなかったために、西南戦《せいなん》争に至る士族の蜂起《ほうき》、という事態が繰り返されたのかもしれません。

話を元に戻すと、家康は「大きな戦い」をしようと考えていた。だから、「関ヶ原」の前年に石田三成《いしだみつなり》が加藤清正《かとうきよまさ》や福島正則《ふくしままさのり》らに襲撃された時も、三成を隠居させることでケリをつけた。一九万石の大名一人を討伐しても、「大きな戦い」にはならないので、あえて佐和山《さわやま》（三成の本拠。現・滋賀県彦根市《ひこね》）に放流したのです。

そのうえで家康は、戦いにふさわしい相手を探した。その一番手として選ばれたのが、全国の大名から声望の高い、加賀《かが》（現・石川県南部）の前田家です。前田に謀反の動きあり。そう名指しされると、前田利長《としなが》（利家の長男）は、急ぎ土下座外交を展開してきた。徳川殿には逆らいません。母（おまつさん）を江戸に人質に出します。後継者である利常《としつね》の嫁としてしかるべき姫を金沢《かなざわ》に迎え、大切にいたします。そこまで言われたので、前田攻めは「なし」になりました。

次に目をつけるべきは、広島の毛利か、会津《あいづ》（現・福島県西部、新潟県と栃木県の一部）

の上杉です。家康の選択は上杉一二〇万石でした。上杉景勝《かげかつ》（謙信の養子）に謀反の動きあり。上杉は前田ほど賢《かしこ》くなかった。「わが家は武門の家柄である。来るなら来い。相手になってやる」と言ってしまった。まあ、啖呵《たんか》を切った時は気持ちよかったでしょうね。けれどこれで、名うての貧乏藩、米沢藩《よねざわ》（現・山形県東南部）ができあがってしまったのです。

家康のやっていることはメチャクチャじゃないか、ですって？　その通りです。言いがかりです。しかも、よほど察しの悪い人でなければ、当時の大名だって、言いがかりだってわかっているんです。でも、家康が言うことです。秀吉亡きあと、次の天下人は家康だろうと判断していた大名は、家を守りたい、家を発展させたい、と考える限り「徳川殿のおっしゃる通り！」と同調するしかない。このあたりは、大坂の陣の原因になったという方広寺《ほうこうじ》鐘銘《しょうめい》事件と同じです（それがわからない、察しの悪い研究者がたくさんいるのは困ったことですが）。

「今から会津へ上杉討伐に行くぞ！」と家康が言えば、「徳川殿が言うのだから、黒いカラスも白い」と心得ている大名は、すぐさま支度《したく》して家康と行動を共にします。会津征伐

石田三成と佐和山城

交通の要衝・佐和山には、鎌倉時代から要害が設けられた。羽柴（豊臣）秀吉が天下の権を握ると、城主は丹羽長秀→堀秀政《ほりひでまさ》→堀尾《ほりお》吉晴《よしはる》と代わり、1591（天正19）年に石田三成が入城した（伊藤《いとう》 真昭《しんしょう》さん［京都西山短期大学教授］の研究による）。三成は大改修を行って五層（三層説あり）の天守《てんしゅ》がそびえる近世城郭を築き、当時の落首に「治部少《じぶのしょう》（三成）に過ぎたるものが二つあり　島《しま》の左近《さこん》と佐和山の城」と言われた。ただし、防御力と関係ない、屋敷や庭園などは質素だったという。写真は、佐和山城跡（岐阜県彦根市）。

の号令が出たのが一六〇〇（慶長五）年六月二日。伏見《ふしみ》（現・京都市）を出発したのが六月一八日。たった二週間あまりで国元から軍勢を呼び寄せるわけですから、「オレは徳川殿に賭ける！」覚悟はもう決まっていたわけです。

　ですので、家康についていった大名

は、自然に「東軍」になります。「どうしようかなー?」なんて逡巡《しゅんじゅん》していた大名は、結局「西軍」に加わらざるを得ない。家康は「言いがかり」で大名の振るい分けを実施したのです。

関ヶ原の戦いの本質②～石田三成の幻の防衛ライン

徳川家康が「会津の上杉景勝を討つ。皆、軍備を整え、いざ私と共に東下《とうか》せん!」と獅子吼《しく》した時に、家康と行動を共にした大名たちが東軍を形成することになったわけですが、そのポイントは次の二点です。

①上杉の謀反などは「でっち上げ」だと、さすがにみんなわかっていた。でも自分の家の発展のため、家臣の生活を守るため、「黒いカラスも家康が白と言えば、白である」とばかりに、会津征伐に参加した。

②会津征伐の大号令が発せられてから、伏見・大坂を発つまでわずか二週間。その二週間の間に、遠隔地の大名も軍勢を整えて、急ぎ上洛してきた。

いかに家康の意を汲《く》むことに汲々《きゅうきゅう》としていたか、がわかる。

彼らは会津を目指し進んでいたが、下野《しもつけ》・小山《おやま》（現・栃木県小山市）で石田三成らの挙兵を聞いた。そして評定《ひょうじょう》（いわゆる「小山評定」）を開き、西に取って返した、と言います。ところが最近、評定はなかったという説が出ている。これなどは、一言で言えばどうでもよい話です。どこで評定を開こうが、あるいは評定がなかろうが、重要なことは「会津征伐に赴いた諸将は、家康と行動を共にすると決定した時に、もう実質は徳川の家臣なのだ」ということです。

五大老《ごたいろう》（徳川家康、前田利家、毛利輝元《てるもと》、小早川隆景《こばやかわたかかげ》、宇喜田秀家《うきたひでいえ》。隆景死後に上杉景勝）筆頭の家康が「いざ往《ゆ》かん！」と言うから、じゃあご一緒しますか。いくら学《がく》がない、叩き上げの武将たちでも、そんなことは考えていない。「ああ、内府《ないふ》殿（徳川家康）は、味方するか、敵になるか、とオレたちに決断を迫っているのだな。三成らでは、海千山千《うみせんやません》の内府殿に敵《かな》うまい。よし、これからは内府殿、ではなくて内府さま、だ！」と腹を括《くく》ったからこそ、急ぎ国元から兵を呼び寄せたのです。事実、会津行きに加わっていた武将は、一人残らず、東軍の一員になっています。

　いっぽうで三成らは、どのような戦略で家康を迎え撃つつもりだったのでしょうか。信濃《しなの》・松代《まつしろ》（現・長野市）の真田家に、こっそり伝わった書状があります。これは黒塗《くろぬ》り（ということは漆《うるし》塗りでしょうか）の箱に入っていて、「当主ですら見てはいかん」と言い伝えられていたもの。明治になって開けてみたら、三成の手紙が入っていました。そこには三成がⒶこうやって家康と戦う、Ⓑ西軍の勝利は動かないので、真田殿もまちがいなくお味方してほしい、という二点が記されていた。問題はⒶです。

　それによると、西軍は尾張と三河の国境で、家康の軍勢を迎え撃つつもりである。上杉、伊達、佐竹《さたけ》が背後から攻めかかるので、家康は簡単には江戸城を出立《しゅったつ》できない。そうやって時間を稼いでわれわれは準備を整え、やっと西上してきた家康を叩く。これで勝利はまちがいない。

　これはぼくの感想ですが、三成は秀吉と家康が戦った「小牧《こまき》・長久手《ながくて》の戦い」をイメージしていたのではないでしょうか。家康を本来の本領である三河で足止めする。ここで食い止めれば、秀吉がやったように朝廷の助力を得られるかもしれないし、畿内を押さえて

伊達政宗と仙台城

1600(慶長5)年12月、関ヶ原の戦いのあとに伊達政宗は岩出山《いわでやま》城(現・宮城県大崎《おおさき》市)から本拠を移すべく、青葉山《あおばやま》(同仙台《せんだい》市青葉区)に築城を始めた。土地の名は千代《せんだい》から仙台と改称された。この地が選ばれた理由であるが、陸路・水路共に便が良く、交通の要衝であったことが第一であろう。政宗時代の仙台城は、本丸《ほんまる》と西《にし》の丸《まる》からなり、天守《てんしゅ》はなかった。本丸は山の上で往来が不便であったため、第2代藩主・忠宗《ただむね》は麓《ふもと》に二《に》の丸《まる》を築いて居所《きょしょ》とし、以後は二の丸が藩政の中心となった。写真は仙台城跡。石垣と再建された脇櫓《わきやぐら》が往時を偲《しの》ばせる。

おけば生産力の違い(もちろん、上方《かみがた》が断然上《うえ》)が効果を発揮してくる。東軍から離脱する者も出るだろうし、どんなにマズくても、関東は徳川、上方は豊臣、というかたちで並立はできる。

　この見通しは、真田を味方につけようとするものですので、本当に三成がそのような見方をしていたかどうか、定かではありません。でも、この戦略に従うならば、三成は①尾張・清洲《きよす》城主である福島正則は結局は味方してくれると思っていた、②伊達政宗も西軍に属して家康を攻撃してくれると思っていた。この二つは重要です。

福島正則は秀吉の従弟《いとこ》。子飼いのなかでも、一番の待遇を与えられていた。だから味方してくれる、と三成が考えていたとしても、おかしくはありません。けれど、正則は東軍に付いた。東軍諸将は清洲城に集結する、ということで作戦行動を開始した。このため、三成は三河・尾張国境に防御ラインを敷く、という計画を変更せざるを得なくなります。

もうひとつ。上杉、伊達、佐竹。上杉は関東地方に雪崩込まずに、反対に北の山形へ攻め込んだ。これは愚《おろ》かとしか言いようがない。仮に出羽《でわ》（現・秋田県、山形県）全体を奪取できたとしても、三〇万石。兵にして一万人。それが上杉勢に加算されても、第二回の会津征伐が行われたならば、徳川は、今度こそ紛《まご》う方なき「天下さま」です。勝てるはずがない。当然、三成は「何をバカなことを！」と悔しがったでしょうね。佐竹は当主の義《よし》宣《のぶ》と、先代の義重《よししげ》の意見が割れた。義重らが東軍に付け、と強硬に主張したため、佐竹勢は江戸へ向かうことができなかった。

興味深いのは伊達勢です。三成の感覚としては、伊達政宗は味方する、という感じなんですね。実際のところ、政宗は北目城《きためじょう》(現・宮城県仙台市)に軍勢を置いて、情勢を展望していた。伯父にあたる最上義光《もがみよしあき》が「上杉が来た。援軍頼む」と知らせてきても、動かない。やったことは結局、旧領だった上杉の白石城《しろいしじょう》(同白石市)を、火事場泥棒的に奪取しただけ。もしかすると、三成たちには「西軍にお味方します」と言っていたのかもしれません。むろん、証拠は破棄したでしょうが。

第二章

天下人

研究者でもわからない！　豊臣秀吉の真意

本章では、天下人として実際に君臨も統治もした豊臣秀吉と徳川家康について、彼らが何を考え、何をしようとして、何をしたか。これを書いていきます。

最初に言及するのは、「秀吉のでたらめさ」について。いや、ぼくは秀吉を「アイデアマン」だと評していて、よく次から次に「太閤検地《たいこうけんち》」だの「刀狩《かたながり》」だのと、時代を画する施策を断行できたものだと感心します。だから、彼がきわめて有能であることは疑っていません。でも、どうも秀吉には一貫性というものがないように思える。いや、自分が「今」やりたいことを、他の何物《なにもの》にも拘泥《こうでい》せずに行っている。専制君主とは基本的にそうしたものだろう、という意見はもっともなのですが。

戦国時代を専門とする神田千里《かんだちさと》（東洋大学名誉教授）、山田邦明《やまだくにあき》（愛知大学教授）といった錚々《そうそう》たる研究者は、「織田信長は理解できるが、秀吉はわからない」というようなことを仰《おつしや》られていました。ぼくは、昔はその意味がよくわからなかったのですが、最近すこしわかってきた気がします。信長の場合は、それが良いことか、悪いことかは別として、行動に一貫性がある。たとえば、比叡山延暦寺《えんりやくじ》の徹底的な焼き打ちを見てみましょう。

信長　貴山はこのたび、朝倉・浅井に助力し、我らを苦しめた。今後は我ら織田方についてほしい。
比叡山　お断りする。
信長　ならば宗教勢力として、戦国大名の争いには中立の立場を取ってほしい。
比叡山　それはできない。
信長　それほどに我らに敵対的な姿勢を示すのであれば、敵と見なさざるを得ないが。
比叡山　仏法《ぶっぽう》の総本山たる比叡山に刃《やいば》を向けると言うのか。仏罰・神罰を畏《おそ》れぬか。やれるものなら、やってみるがいい。
信長　承知した。では攻撃する。

というわけで、比叡山への総攻撃が下知《げち》され、三〇〇〇とも四〇〇〇とも言われる人命が奪われ、壮大な堂塔《どうとう》伽藍《がらん》・蓄積された仏教美術・膨大な古文書はすべて焼かれてしまいました。その行為の善悪は措くとして（どう考えてもやりすぎ、とぼくは思いますが）、手順は踏んでいるわけです。

これに対して、秀吉の行動は時にちぐはぐです。一例を挙げると、武士が何より重んじる「家《いえ》」の重要性を無視している。たとえば九二万石を領していた蒲生氏郷が病気（胃がんだと言います）で亡くなると、跡継ぎの秀行《ひでゆき》が幼く、奥州《おうしゅう》の抑えという大役が務まらないからと九〇万石を没収しようとした。意図はわかりますが、過失もないのにこんなことをされては、他の大名たちは安心して奉公《ほうこう》できなくなる。皆、家臣を養い、領地を経営し、自分の「家」を栄えさせることを目的としているからです。

また、実子の秀頼《ひでより》の立場を整えるために、関白職《かんぱく》を譲っていた豊臣秀次《ひでつぐ》の一族を滅ぼし、秀次与党の大名たちも粛清した。これも愚策でした。秀次が死を賜《たまわ》った時、秀頼は数え三歳です。兄の鶴松《つるまつ》（満二歳で没）のように、夭折《ようせつ》するかもしれなかった。また、秀頼が豊臣政権の跡継ぎになった時に、秀次とその一党が健在ならば、徳川家康への某《なにがし》かの抵抗力にはなったはずです。豊臣「家」の存続の可能性は高まっていた。

徳川家康の勢力を削《けず》らなかったのもよく理解できません。秀吉ほど見通しの確かな人だったら、自分が亡くなったら家康が天下取りに動き出すことは予測できていたでしょう。

豊臣秀吉と名護屋城

1591(天正19)年、大陸侵攻を企図した豊臣秀吉は、朝鮮半島と最短距離にある佐賀県・東松浦《ひがしまつうら》半島の台地上に出兵拠点となる城を築き始めた。工事は急ピッチで進められ、翌年に完成。大坂城に次ぐ規模の城の周囲には100以上におよぶ大名の陣屋《じんや》が築かれ、最盛期には20万人以上の人々が集《つど》う一大要塞都市となった(現・佐賀県唐津《からつ》市)。1598(慶長3)年に秀吉が没し、朝鮮から全軍が撤兵したあとは役目を終え、江戸時代初期に建物や石垣などが破却された。現在は城跡《しろあと》と23カ所の陣跡《じんあと》が国の特別史跡に指定されている。写真は天守台跡で、玄界灘《げんかいなだ》の島々が見渡せる。

にもかかわらず、家康に関東二五〇万石もの領地を与えた。これは兵六万ないし七万を与えたに等しい。その大軍が秀頼に向くことを想定しなかったのか。さらには、秀吉の子飼いの武将たちは朝鮮半島に渡ってへとへとになっているのに（朝鮮出兵）、家康は留守居《るすい》として日本にとどまったので、徳川勢は元気いっぱいでした。

朝鮮出兵は「文禄《ぶんろく》・慶長《けいちょう》の役《えき》」と呼称される。つまり大軍が二度渡海したのです。その間に秀吉は明《みん》と和平交渉を行っていた。名護屋《なごや》城博物館のみなさんのご教示によると、秀吉は、明に①秀吉を明皇帝の名で「日本国王」に任命すること、②朝鮮の王子を日本に挨拶に差し向けること、の二点を要求した。②は承服できないとして交渉は決裂しますが、①は実現しています。さまざまな色彩で飾られた立派な紙に「秀吉を日本国王に任じる」と、明の皇帝が明言しています。

これには驚きました。秀吉は天下人であり、専制君主のはずです。かたちでは関白の職にあって天皇を立てていますが、実力でははるかに、天皇を凌駕《りょうが》している。それは皆が知っている。それなのに今さら、なぜ明の皇帝に、日本における自己の支配権を保障してもらわねばならぬのか。

実力的には問題にならぬほど秀吉は強大ですので、これは彼が天皇の「権力」ではなく、「権威」を畏れていた証拠になるのではないでしょうか。下剋上《げこくじょう》の具現者である秀吉が、天皇の威を畏れる。ぼくにはどうにも、得心できません。いや、古来の「国のかたち」のようなイメージを尊重するというのなら、それはそれで納得します。でも、それならばなぜ、実のある外交をせずに、いきなり明国や朝鮮への侵略に踏み切ったのか。これなど、実力主義なり、下剋上の権化《ごんげ》のような行動でしょう。

当時における出兵の道義的な是非を問題にしたいわけではありません。いっぽうで天皇の威を評価しながら、いっぽうでその天皇が慎重につきあってきた東アジアを蹂躙《じゅうりん》するのには躊躇《ちゅうちょ》がない。この事実に首を傾《かし》げているのです。自己の卓越は実力が保証してくれるのだから、天皇にこだわる必要はないでしょう。国境にとらわれぬ征服王になるのなら。でも天皇を保全するなら、天皇が護持してきた東アジアの秩序も重んじるのが道理というものではないでしょうか。この矛盾を、秀吉は教養がなく歴史を知らないから、と彼の出自に結びつけてよいものなのか。ぼくは未だに答えが出せません。

秀吉の親族、その盛衰

豊臣秀吉と言うと、農民から天下人に成り上がった人物として知られています。鎌倉で源頼朝の像を見て、「一番下の存在から天下を取ったのは貴方《あなた》とおれだけだな」と語りかけたエピソードがありますが、頼朝はれっきとした源氏《げんじ》の御曹司《おんぞうし》ですから、「おい、比べるなよ」と苦笑いしていたでしょうね。秀吉はまさに親族の援助が期待できない、一介の農民にすぎなかったわけですが、本項はその秀吉の親族について述べていきます。

まず父は、尾張・中村《なかむら》（現・愛知県名古屋市中村区、西区《にし》）の農民で木下弥右衛門《きのしたやえもん》。彼は足軽として戦場に出ていたと言います。当時の農村は①半士半農の地主《ぢしゅ》、②自立して農業を営む本百姓と脇百姓《わきびゃくしょう》、③自立した農業経営ができない下人《げにん》、の三階層に分かれていたと考えられます。このうち畿内の②は、応仁の乱が始まると「跳《と》ぶように動き回る」足軽となって都《みやこ》周辺で躍動し、また土一揆《どいっき》・徳政一揆《とくせいいっき》などでは農村勢力の主力となって税の減免を実力でもぎ取った人々です。時間差・地域差を考慮すると、弥右衛門はまさに②に当てはめることができるでしょう。

母は「なか」さん。一般的には、弥右衛門が戦場で受けた傷が原因となって没したため、竹阿弥《ちくあみ》という人物と再婚したと言われます。弥右衛門との間には秀吉と姉、竹阿弥の子として小一郎秀長《こいちろうひでなが》とのちの旭姫《あさひひめ》が生まれました。ただし、桑田忠親《くわたただちか》先生（國學院大学名誉教授）は子供たちの年齢を考えて、なかさんは子供四人を連れて竹阿弥と再婚したのでは、と推測されます。また、弥右衛門と竹阿弥は同一人物では、と言う研究者もいます。

そのあたりがよくわからないくらい、弥右衛門と竹阿弥については資料がない。少なくとも秀吉とは縁遠い存在だった。ですので、秀吉の親族と言うと、皆、なかさんの関係者になります。

姉は「とも」さん。父と同じ階層であろう弥助《やすけ》に嫁《とつ》ぎ、秀次・秀勝《ひでかつ》・秀保《ひでやす》を産みました。秀吉がエラくなると弥助は三好吉房《みよしよしふさ》を名乗り、秀次が大名になると、夫妻は秀次の世話になって暮らしました。秀勝と秀保は若くして病没。秀次は秀吉の後継者に擬せられましたが、前述の通り、秀頼が誕生すると一族皆、刑死しました。吉房は四国で軟禁生活を送ったあとに京に帰り、法華《ほっけ》の行者《ぎょうじゃ》になって七九歳で病没。ともさんは京に瑞龍寺《ずいりゅうじ》を建てて出家し、夫・子・孫たちの菩提《ぼだい》を弔《とむら》う生活を送りました。豊臣家の滅亡も見届け、九三歳まで長生きしました。

弟の秀長は大和《やまと》・郡山《こおりやま》（現・奈良県大和郡山市）他で一〇〇万石。五二歳で没します。豊臣政権の柱石《ちゅうせき》で、何度も主人を替えた藤堂高虎《とうどうたかとら》が惚《ほ》れ込んだ器量人でした。もし彼が長生きしていたら……と想像してしまいますが、これは次項で述べましょう。

妹の旭は農民に嫁ぎましたが、秀吉の出世により、夫は武士身分に取り立てられました。

それが佐治日向守《さじひゅうがのかみ》とも副田吉成《そえだよしなり》（甚兵衛《じんべえ》）とも伝わり、はっきりしません。小牧・長久手の戦いのあと、徳川家康を臣従させるために、兄の秀吉は旭を家康の妻として駿府に送ります。家康は四五歳、旭は四四歳でした。これは両者にとって、相当なストレスになったでしょう。旭はかわいそうに、四八歳で亡くなっています。生涯、子供には恵まれませんでした。

ここで、大政所《おおまんどころ》こと、なかさんについて考えてみたいと思います。

彼女のお父さんは、「関鍛冶《せきかじ》」の名で知られる刀鍛冶だったようで、関兼貞《せきかねさだ》という名が伝わっていますが、名刀を生み出すような巧匠《こうしょう》ではありません。戦場で消費される「数打《かずう》ち」を打っていたのでしょう。こうした人たちの暮らしぶりとか、知的な水準とかはよくわからない。娘が農民と縁組していますので、仮に木下弥右衛門の暮らしがそれなりに余裕があるものだったとしても、それほど富裕だったり、学問があったりしたとは思えません。ですが、なかさんの縁者からは、大名になった者も出ています。

一人は小出秀政《こいでひでまさ》。なかさんの妹を妻としました。秀吉と同じく尾張・中村の出身ですが武士身分の人だったようです。なかさんの親父さんは子だくさんで、姉妹は相当、年が離

大坂城、再建の歴史

豪華壮麗な大坂城は、豊臣秀吉が1583(天正11)～1588(同16)年に石山本願寺《いしやまほんがんじ》跡地に築城。現場には1日あたり数万人が動員され、現代の工事費に換算すると約780億円との試算も。難攻不落とされたが、1615(慶長20)年の大坂夏の陣で落城。その後、徳川家により再築、1629(寛永《かんえい》6)年に完成したが、幕末に焼亡した。現在の天守(写真)は、1931(昭和6)年に復興。大阪市長の提案で昭和天皇の即位を祝う記念事業として行われた。

れていたのでしょう。血縁からすると秀政は秀吉の叔母の夫、すなわち叔父になりますが、年齢は秀吉より下、秀長と同年です。彼は本能寺の変後、姫路城の留守居役を務めていますので、それなりに使える人だったのでしょう。小出家として、和泉・岸和田《きしわだ》（現・大阪府岸和田市）と但《たじ》馬《ま》・出石《いずし》（現・兵庫県豊《とよ》岡《おか》市）に三万石と六万石の領地を得て、江戸時代にも存続しますが、岸和田小出家はやがて無嗣断絶《むしだんぜつ》（家督を継ぐ者がいないために家が断絶すること）、出石小出家は丹波《たんば》・園部《そのべ》（現・京都府南丹《なんたん》市）二万七〇〇〇石に移って幕末を迎えます。

もう一人は青木紀伊守《あおききいのかみ》。名前は一矩《かずのり》、秀以《ひでもち》、重吉《しげよし》など複数の説があり、よくわかりません。なかの妹の子。つまり秀吉の従弟です。年齢は不詳。はじめ秀長の家臣（家臣筆頭）となって、秀長の晩年に秀吉に直仕《じきし》するように。領地は越前・大野《おおの》（現・福井県大野市）八万石で、のちに同府中《ふちゅう》（同越前市）に移っています。秀吉没後には、秀吉の遺命として同北ノ庄二一万石を与えられました。ですが、関ヶ原では西軍についたために領地は没収されます。浪人した青木一族は大坂の陣で大坂城に入り、滅亡しました。ただし、紀伊守の娘・お梅《うめ》の方《かた》は、どういう縁があったのか、家康の側室となっています（のち本多正純《ほんだまさずみ》に下されて正室となるも、子供はいなかった）。

彗星のように大出世した人物の親族たちもそれぞれ出世をはたしましたが、その人生は悲喜交々《ひきこもごも》であることがわかります。

豊臣秀長ありせば……

二〇二六年のNHK大河ドラマは『豊臣兄弟！』です。主人公は誰もがよく知る豊臣秀吉ではなく、弟の豊臣秀長のほう。秀長は評伝や歴史小説も少なく、ぼくがパッと思いつくのは、司馬遼太郎さんの『豊臣家の人々』、堺屋太一《さかいやたいち》さんの『豊臣秀長――ある補佐役の生涯』、志木沢郁《しぎさわかおる》さんの『豊臣秀長』くらい。それぞれ、秀長が有能な人物であり、秀吉の片腕として働いたことが描かれています。

秀長という人物を考える場合、重要なのは秀吉の弟であることです。というのも、武家社会の権力者にとって、弟は非常に使いにくい。同時にきわめて危険な存在なんです。だから、たいていは殺してしまっている。源頼朝は弟の義経《よしつね》を殺し、足利尊氏も弟の直義《ただよし》を殺している。尊氏なんて自ら権限を直義に渡し、政治を任せながら、それでも殺しているんだから質《たち》が悪い。他にも織田信長（弟・信勝《のぶかつ》）、伊達政宗（弟・小次郎《こじろう》）、大友宗麟《おおともそうりん》（弟・塩市丸《しおいちまる》）、毛利元就（弟・相合元網《あいおうもとつな》）らが挙げられます。有能な権力者ほど弟を殺している傾向さえあります。

結局、弟は自分に取って代わる存在なのです。家臣にしてみれば、兄が扱いづらい暴君だった場合、兄を殺して、弟を立てることもできる。逆に言うと、兄貴にすれば弟は敵の大将以上に厄介《やっかい》で、いつでも危険な存在になりうるのです。

戦国時代は下剋上、裏切りはあたりまえで、子が父を殺したり、兄弟間で殺し合ったりすることは少なくないと思われがちですが、弟殺しに比べ、父殺しは意外に少ない。武田信玄も父・信虎《のぶとら》を殺すのではなく、甲斐国から追放しています。武士の社会では儒教の家父長制の考え方が根強く、父親を殺すことには抵抗があったと考えられます。

戦国武将で、弟を重用した武将と言えば、秀吉と信玄くらい。それだけ、秀長や武田信《のぶ》繁《しげ》には、信頼して重要な仕事を任せられるだけの手腕があったということです。

秀吉は身内が少ないから弟を使わざるを得なかった、と言う人もいますが、これはまちがい。それを証明する事件があります。

秀吉が天下人となると、「私は秀吉様の弟です」という人物が現れました。驚いた秀吉は、すでに大政所を称していた母親を呼び寄せ、「母ちゃん、この男知ってるか」と、首実検をした。両者が対面すると、大政所はなんともバツの悪い顔をするじゃないですか。これで秀吉はピーンときた。自分の母親が誰か他の男と子供をつくっていた、と察したわけです。こうしたことは戦国時代には珍しいことではなく、当時の女性はそうでもしないと食べていけなかった。そんな事情は重々承知の秀吉は「こいつは本当に俺の弟だ」と、すぐに確信した。そこで、秀吉はどうしたか。あっさり処刑してしまったんですね。

こうした秀吉版「天一坊《てんいちぼう》事件」とも言うべき話が、宣教師ルイス・フロイスによって書き記されています。ちなみに、天一坊事件とは江戸時代半ば、改行《かいぎょう》という僧が源氏坊天一《げんじぼうてんいち》を名乗り、第八代将軍・徳川吉宗《よしむね》の落胤《らくいん》を称して浪人を集め、町人らから金品を詐取した事件です。のちに処刑されています。

身内なら誰でもいいというわけではなく、秀吉がこいつは使えるヤツだと認めた男、それが秀長だったのです。何しろ秀吉は突然、目の前に現れた、わけのわからない身内は簡単に殺してしまうわけですから。それが権力者の本質です。戦国時代の権力者は、それくらいの残酷さを持ち合わせていました。そうでないと、自分が殺《や》られる。

秀長は頭が切れるだけでなく、秀吉から見て心底、信頼できる存在だったんじゃないかな。こいつは絶対に寝首を掻《か》くようなことはしない。そう思っていた。その証拠に、秀吉は大勝負をする時には、秀長に留守居役を任せています。たとえば、中国大返しの時も、秀長は秀吉に命じられるまま鳥取を守りました。

真に信頼できる部下に本拠地を守らせるのは『三国志《さんごくし》』でも同じです。曹操《そうそう》はここ一番では、決まって軍師の荀彧《じゅんいく》に本拠地を守らせています。たとえば、北の大敵である袁紹《えんしょう》と戦った時も、赤壁《せきへき》の戦いの時も、遠征軍に荀彧の姿はない。彼は留守番役なんです。でも、留守を預かるっていうのは、実は重要な任務。留守の間に、本拠地で反乱でも起こされたら、たまったもんじゃないですから。秀長も荀彧も、それだけ主君に信頼されていたということです。

現代の政治の世界で言えば、秀長は総理大臣にとっての官房長官のような存在にあたるでしょうか。田中角栄《たなかかくえい》内閣における二階堂進《にかいどうすすむ》さん、中曽根康弘《なかそねやすひろ》内閣の後藤田正晴《ごとうだまさはる》さん、小渕恵三《おぶちけいぞう》内閣の野中広務《のなかひろむ》さんなど、裏方に徹して、ぬかりなく仕事をこなし、政権を支えるイメージ。ただ、近年は福田康夫《ふくだやすお》さん（森喜朗《もりよしろう》内閣・小泉純一郎《こいずみじゅんいちろう》内閣）、安倍晋三《あべしんぞう》さん（小泉純一郎内閣）、菅義偉《すがよしひで》さん（安倍晋三内閣）と、官房長官は黒子《くろこ》ではなく、総理大臣への足がかりになってしまった印象はありますが。

秀長が豊臣政権で果たしていた役割は大きかった。島津《しまづ》氏に痛めつけられた大友宗麟が秀吉に助けを求めてきた時、秀吉は宗麟を歓待し、励《はげ》まします。宗麟が国に帰る時は、秀長が、今後も豊臣家がちゃんとサポートすることを約束する。その言葉が、「内々《うちうち》の儀は宗易《そうえき》、外様《そとさま》のことは宰相《さいしょう》存じ候《そうろう》」。つまり、内密なことは千利休《せんのりきゅう》が、公的なことは秀長が握っていると言っているわけで、これが当時の豊臣家の実態だったのです。

ところが、その利休と秀長が相次いでいなくなる。一五九一（天正一九）年、秀長は病気で、利休は秀吉に切腹を命じられて帰らぬ人となりました。このあと、政治の表舞台に上がるのが、石田三成、浅野長政《あさのながまさ》ら「五奉行《ごぶぎょう》」です。秀吉子飼いの連中が権力を握り、朝鮮出兵が始まる。利休と秀長が健在だったら、朝鮮出兵はなかったとはよく言われますが、その可能性は高い。少なくとも、朝鮮出兵により人心を失ったことが、豊臣家の命取りとなったのはまちがいありません。

秀吉没後、徳川家康が関ヶ原の戦いで勝利したのが一六〇〇（慶長五）年、家康五九歳の時です。大坂夏の陣で豊臣家を滅ぼしたのは、その一五年後だから七四歳。当時の七四歳は、今なら九〇歳以上でしょう。いつ死んでもおかしくない。なのに、どうしてそんなに長い間、豊臣家を放っておいたのか。

豊臣家の権力が強かったから簡単には滅ぼせなかった、と考える人がいますが、ぼくの見立ては違います。おそらく家康は、関ヶ原後の豊臣家は弱体化していると見ていた。だから、仮に自分が死んでも、息子とその家来たちがなんとかするだろうと考えていた。後継者をそれくらい信用していた、とぼくは見ています。

秀長が亡くなり、朝鮮出兵に失敗した豊臣家にあって、分裂を必死になって抑えていたのは前田利家です。しかし、その利家も秀吉が亡くなった翌年、まるで秀吉のあとを追うように鬼籍に入ってしまう。そして、利家が亡くなったその日に、加藤清正や福島正則は石田三成を襲うわけです。それだけ豊臣家の分裂は深刻な状態だったということなんでしょう。彼らは利家が生きているうちは我慢できても、「利家が死んだら、三成を襲おうぜ」という密談くらいしていたかもしれない。

ぼくは、一人の人間の重みを痛感します。利家にはその重みがあったし、秀長は利家以上の重みがあった。秀長は五二歳の若さで亡くなっていますが、あと一〇年生きていたら、豊臣家の分裂を回避できた可能性はあります。そうなると、家康はもっと露骨な手段に出たでしょう。何を仕掛けてくるかわからない。当然、秀長と家康の丁々発止の駆け引きや戦いが起きることも考えられます。歴史はもっと劇的に動いたかもしれません。

秀吉の評価は文官優位

江戸時代、水戸《みと》の徳川家は、実際には二八万石しか米が収穫できない領地を、三五万石と幕府に申告しました。いわゆる「徳川御三家」の他の二家、尾張《おわり》家は六二万石、紀伊《きい》家は五五万石。それに比べて水戸家の石高はかなり少ない。二八万石では尾張家の半分以下です。これは体裁が悪い、石高をすこしでも多く公示したい、との思いから、実高《じつだか》を超える数字を表高《おもてだか》として登録したというのです。

幕府はこの申し出を受け入れ、諸大名に諸役を課す時には、「水戸＝三五万石」という数字を基礎としました。このため、水戸藩は実力以上の税や労役を負担せねばならず、ために藩政は大きな赤字を抱えることになり、領内の農民は苦しんだと言います。

私たちの実生活に当てはめてみた時に、こういう見栄《みえ》の張り方に一定の理解を示すか、バカバカしいと切り捨てるか。分不相応な車を乗り回したり、高い腕時計を誇示したりする人に接すると、羨《うらや》ましいより先に「それは違うんじゃないの」という呆《あき》れの感情が生じませんか。といって、プロトコルとかセレモニーの類《たぐい》は、やはりある程度は必要なわけでしょうから、何事もバランスが肝心《かんじん》だ、という雑な結論にならざるを得ないのかな。

研究者にも体裁を重視する人、実利を第一とする人がいます。貴族社会なんていうのは体裁が命ですし、体裁が良ければ荘園《しょうえん》がたくさん寄進《きしん》されて経済も潤《うるお》う。でも武家社会はどうでしょう。軍事が表看板である武家においては、「武者は犬ともいえ、畜生ともいえ、勝つことが本《もと》にて候《そうろう》」(by朝倉宗滴《そうてき》〔戦国武将・朝倉氏の家臣〕)というのが本当だと、実利派のぼくなどは考えます。ですが、室町幕府における武家の家格がどうとか、豊臣政権に羽柴姓・豊臣姓を許可されてどうとか、体裁をしきりに気にする研究は後《あと》を絶ちません。

確かに、戦いのなくなった江戸時代も中期以降では、武士も儀礼を大切にし、家の格をしきりに気にし始めます。でもいざとなれば合戦が始まる、という時期では、武家にとって何より必要なのは戦いに勝つこと。となれば、敵より多くの兵を揃えることが肝要で、その兵を養う領地の多寡が大問題になる。名物茶器を集めても、名刀を集めても、そんなものは物理的な戦力にはならない。一本の名刀を買うカネがあれば、それで一〇〇本の普通の槍を購入すべきだと説いたのはまたまた朝倉宗滴ですが、それが苛酷な実戦をかいくぐってきた武将の実感じゃないかな。

ですので実利派のぼくは、まだ戦乱が終息していない豊臣政権期の秩序を論じる時には、何より領地のありようを重視します。羽柴姓の許可とか、中身のない官位とかを重んじる姿勢には懐疑的です。いや、ホンネを言うと、そんな考察はバカバカしいと思います。

秀吉政権の大名はおそらく三つに分けられる。①自身が戦国大名で織田信長と同格だった大名、②信長に仕えていて秀吉と同格だった大名、③秀吉のみに仕えている秀吉子飼いの大名。①は徳川家康や毛利輝元、②は前田利家や蒲生氏郷、③は加藤清正や石田三成。

秀吉は、豊臣政権の担い手として③を育てました。彼らの評価基準は、『天下人の軍事革新』（祥伝社新書）でも触れましたが、いかにデスクワークをこなせるか、です。槍を振り回して、敵をどれだけ討ち取れるか、ではない。野戦派の代表のような加藤清正も、賤ヶ岳の戦いで注目されてからはずっと後方勤務。そこで秀吉のお眼鏡に適《かな》って、三〇〇〇石取りの武士から、肥後《ひご》（現・熊本県）半国の大名へ大抜擢《だいばってき》されました。逆に同じく賤ヶ岳の七本槍に数えられた脇坂安治《わきざかやすはる》は、大木を切り出して京に運ぶ仕事を与えられましたが、どうも効率的にこなせなかったらしく、三万石の小大名に起用されるにとどまりました。

秀吉はどうやら、自身の政権を担う人材として、文官・武官、それぞれ二〇万石ほどの大名を用意したように思います。文官では近江・佐和山の石田三成、大和・郡山の増田長盛《ましたながもり》。武官では北肥後・熊本の加藤清正、南肥後・宇土《うと》の小西行長《こにしゆきなが》、尾張・清須《きよす》の福島正則。特筆すべきは、戦場で働いた清正はデスクワークに秀《ひい》で、行長は朝鮮・明との外交も担当した。つまりは文武両道だったのです。

この点で、「文」の要素があまり後世に伝わっていないのが福島正則です。正則は尾張・清須二四万石。領国は秀吉の故郷を含み、織田信長の旧領でした。とても重要な地です。となると、正則が武力一辺倒の武将であったなら、これまで述べてきた秀吉は「文」重視、という論理が破綻を来《きた》すことになります。ぼくにとっては、そこが悩みのタネでした。

でも、ここで、秀吉の親族という要素が加わったらどうでしょう。どうも正則は、秀吉の生母なかさんの妹の子、つまり秀吉の従弟だったようなのです。それで、秀吉の葬儀には、秀頼の名代《みょうだい》として出席していた。
前述のように、秀吉は親戚であるから、と青木家、小出家という大名家を創出した。正則は「文」に秀でてはいなかったけれど、近しい親戚だったので、「武」の才能と「親戚」ポイントで、二〇万石レベルの、秀吉政権第一級の大名として登用された。そんなふうに考えることができるように思います。秀吉の血縁者捜しは、親類扱いの大名という家格を探るものではなく、あくまでも秀吉の人材登用のルールを考察するために必要な作業だったのです。

福島正則と広島城

賤ヶ岳の戦い以来、武功を挙げ秀吉政権第一級の大名として登用された福島正則。関ヶ原の戦いでは、石田三成との確執から東軍に属し、勝利に貢献。その功により、毛利輝元の城だった広島城を与えられ、50万石の大《だい》大名《だいみょう》に。しかし、1618(元和《げんな》4)年に行った広島城の無断改築のかどで領地を没収され、信濃に転封《てんぽう》・蟄居《ちつきょ》。晩年は不遇だったとされる。写真は、福島正則公肖像画(菊泉院所蔵)。

土木大名・秀吉の城づくり

秀吉は生涯に数多くの城を築きました。長浜城、大坂城、名護屋城、和歌山城（現・和歌山市）、伏見城……と、まさに土木大名の面目躍如といったところですね。ここに姫路城を加えてもいいかもしれない。

姫路城は、秀吉が西国《さいごく》を攻める際に拠点とした城です。播磨国《はりまのくに》（現・兵庫県南部）のちょうど真ん中にあって、非常に使い勝手がいい。そんな城を、城主だった黒田孝高《くろだよしたか》（官兵衛《かんべえ》）が「どうぞ、秀吉様の軍事拠点にしてください」と献上したわけです。官兵衛は秀吉に賭けたのでしょう。譲り受けた秀吉は城を修復し、三重の天守などをつくった。これがのちの中国大返しの際に大いに役立ったことは、すでに述べました。つまり、秀吉の出世の足がかりにもなったわけで、「出世城」の異名も生まれました。

おそらく秀吉は城が好きなだけでなく、城をつくることが好きだったのだと思います。そんな秀吉の城づくりの思想が端的に現れたのが、石垣山一夜城《いしがきやまいちやじょう》（現・神奈川県小田原市《おだわらし》）。ここで、秀吉は「城というのはこういうもんなんだぜ」という思想を見せつけています。

一五九〇（天正一八）年、秀吉は北条氏（後北条氏）を討伐すべく、水陸両面から約一五万の大軍を率いて、小田原城を包囲しました。本陣をかまえた秀吉は突貫工事で木を伐採し、石垣を積み上げ、小田原城の対面に位置する石垣山に城をつくってしまった。北条側にすれば、一夜にして城が出現したように見えたに違いありません。

しかも、その城は北条側にとってははじめて見る建築だった。それまで関東には石垣のある城も、天守を備えた城もなかったんです。自分たちがまったく知らなかったテクノロジーを見せつけられたわけで、その衝撃は計り知れない。幕末に来航したペリーの黒船に匹敵するんじゃないでしょうか。あの黒船も最新鋭の戦艦だったから、人々はその威容と技術に度肝《どぎも》を抜かれた。このままじゃ列強の餌食《えじき》になるぞ、幕府はもう長いことないな。ここから世の中は劇的に変わっていきました。石垣山一夜城が与えたショックも同様で、北条氏は「世の中にはこんな建築があるんだ」と思い知らされ、すっかり戦意喪失。降伏は必然でした。

秀吉が理想とする城の特徴は二つ。石垣が積んであることと、天守があることです。しかし、これは秀吉自ら考えたものではなく、信長が考えた建築様式でした。

しばしば「織田がつき　羽柴がこねし天下餅　座りしままに食うは徳川」と言われます

が、ぼくは当たっていると思います。やっぱり信長は天才、対する秀吉はアイデアマン。近年は秀吉こそが天才だと主張する人が多いようだけど、信長はそれまでに誰も考えなかったことを生み出した。これは日本人には一番不得意なことです。適切なたとえかどうかわかりませんが、日本人はパンツをつくりだすことができなかった。ずっと褌《ふんどし》。中国でもパンツはつくられたのに、日本にパンツが入ってきたのは明治時代。こっちのほうが楽だとわかり、ようやくパンツが普及していきました。

つまり、一番大変なのはゼロから一《いち》を生み出すことです。日本人はこれが苦手です。でも、一から二を生み出すことはできる。漢字がまさにそうですね。中国から輸入し、そこから平仮名《ひらがな》や片仮名《かたかな》を生み出したわけで、アレンジしたり、洗練させたりする能力には秀でています。

そんな日本人のなかにあって、信長は特異な人。日本人離れした発想で、従来とはまったく違うことを実行し、形にしていった。ただ、その天才性をしっかり受け止め、咀嚼《そしゃく》し、多くの人に伝える能力を持つ人も必要なわけです。それができる才能の持ち主が秀吉でした。

両者の関係性は城づくりによく表れています。石垣と天守を備えた城を考えたのは信長。それを広めたのが秀吉。秀吉は城づくりの技術から、こうした城が権力の象徴にもなることまで広く見せつけたわけです。今でも、たいていの県庁所在地には再建された城があり、その城に天守が備わっているのは、「城下町には立派な城をつくりなさい」という秀吉の教えが受け継がれているとも言えます。

権力の象徴なら、日本にも巨大な古墳があるじゃないか、と言う人もいます。しかし、残念なことに、古墳はどんなに大きいと自慢したところで、高さがない。これが致命的です。バベルの塔のように、遠くから見えてはじめて権力の象徴に値《あたい》するんです。戦国の世から江戸時代になり、街道が整備されてくると、城の象徴としての価値はますます高まります。街道を行き来する人々は高い城の天守を見て、城下町が近いことを確認できる。そこに暮らす人々にとっては「おらが国」のシンボルにもなりました。

家康も高さを好んだのはまちがいない。何しろ富士山《ふじさん》が大好きで、富士山が見えるところに暮らしたくらいです。宮内庁の三《さん》の丸尚蔵館《まるしょうぞうかん》には、家康が寝室に置いていたという「二十八都市萬国絵図屛風《にじゅうはちとしばんこくえずびょうぶ》」が所蔵されているのですが、そこには、ローマ、マドリード、バチカン、コンスタンティノープルなどヨーロッパのいろんな都市が描かれています。そして、どの都市にも見事な高い塔がある。おそらく家康は、この絵を見ながら、高い建築物を中心とした都市づくりを考えていたのじゃないかな。ただし、家康がつくった城は大きいうえに高さもあるんだけど、美しさがない。

城には大きく分けると、望楼型《ぼうろうがた》天守と層塔型《そうとうがた》天守の二種類があります。望楼型は、一階建てや二階建ての大きな入母屋造《いりもやづくり》の上に、一～三階建ての望楼を載せた古い形式の城。望楼には、遠くを見渡す物見櫓《ものみやぐら》のような役目があります。犬山《いぬやま》城（現・愛知県犬山市）が典型的な望楼型で、信長や秀吉がつくった城もこのタイプ。安土城も望楼型だったと言われています。

いっぽう、層塔型は、一階から最上階まで順番に積み上げてつくる城。構造が単純で、規格化されているため、工期も短くてすむ。これを考え出したのは、藤堂高虎です。人によっては機能美という評価をするようですが、ぼくから見たら美しさの欠片《かけら》もない。もちろん、家康も層塔型を採用しています。

何度も主君を変えた高虎ですが、最後に仕えたのが家康。家康も高虎の築城能力を高く評価し、重用しました。高虎は外様《とざま》大名でありながら、譜代《ふだい》大名のような待遇を受けています。家康と高虎は気が合ったのでしょうね。何しろ、二人ともロマンや理念的なものより、実利的、実際的なものを重視するプラグマティストでしたから。

なぜ家康は天下を取れたのか

なぜ徳川家康は天下を取れたのか。その理由は、彼がプラグマティストかつ、リアリストであったことに尽きます。信長のように、ぶっ飛んだ発想をすることはまずない。先ほども述べたように、信長は天才、秀吉はアイデアマン。それに対し、家康は普通の人。だから、ぼくらは信長や秀吉にはなれないけど、凡俗な家康にはなれる可能性はあります。

家康はとても真面目《まじめ》で、勉強することを絶やさず、生涯にわたって努力を重ねた人。そして、武田信玄や信長のいいところを盗んだ。家康にとって信玄は師である、とよく言われますが、実際、強大な武田軍と戦うことで、信玄の軍略、兵法から、立ち居振る舞いに至るまで学んだ。あるいは真似をした。要するに、リスペクトしてたんじゃないでしょうか。

家康の信玄に対するリスペクトと、リスペクトと隣り合わせの恐怖がよくわかるのが、彼が浜松《はままつ》にいた頃。この時期は周りに女性がいなかった。唯一の側室が西郡局《にしのこおりのつぼね》で、女の子を一人産んだだけでした。当時、家康は男盛りの三十代です。生涯に一六人の子供を持った家康にすれば、いかにも少ない。理由は「武田氏ストレス」ではないかと、ぼくは推察します。つまり、武田勢がいつ攻めてくるかわからないから、ガチで悩んだ。女性どころではなかったわけです。

そんな家康が、信玄の背中ががら空きになったのを見て、よしここは攻めてやろう、と行動したのが一五七二（元亀三）年の三方ヶ原《みかたがはら》の戦いでした。しかし、信玄のほうが戦《いくさ》においては一枚も二枚も上手《うわて》。背中を見せることで、家康を城の外におびき出し、野戦に持ち込んだのです。結果的には、徳川軍は家康が討ち死に一歩手前になるほどの大敗でした。でも、家康が家康たる理由は、こういう時にしっかり反省すること。もう一度、自分を叩き直さなければダメだと考え、勉強する。家康の生涯はその連続でした。彼の戦いの経験値はこうしてすこしずつ、しかし着実に蓄積されていったのです。

家康が天下を取れた理由のひとつに、三河武士団の存在を挙げる人がいますが、これは真っ赤な嘘。三河武士団だけが忠義と忍耐力と結束力をもって、家康に仕えたわけではない。こうした三河武士団の美風のようなものは、のちに大久保彦左衛門《おおくぼひこざえもん》が『三河物語《みかわものがたり》』で書いた神話にすぎません。実際、三河で一向一揆《いっこういっき》が起きた際には、本多正信《ほんだまさのぶ》（「謀臣《ぼうしん》」と言われた家康側近、のち老中《ろうじゅう》）、石川康正《いしかわやすまさ》（家康の側近・数正《かずまさ》の父）、酒井忠尚《さかいただなお》（「徳川四天王《とくがわしてんのう》」の一人・忠次《ただつぐ》の叔父）といった家臣は、家康を裏切って、敵方に回っている。主従関係より、信仰や利益を重視したのが、戦国時代の武士だったのです。

徳川四天王については次章で詳述しますが、酒井忠次、本多忠勝《ほんだただかつ》、榊原康政《さかきばらやすまさ》、井伊直政《いいなおまさ》のなかで、三河武士の神話にピッタリの人物が本多忠勝でしょう。本多家はもともと松平《まつだいら》家の譜代大名でした。榊原康政と井伊直政は家康が自ら見つけ、出世させた人物。思い切った抜擢人事でもあり、こういうところは信長のやり方を見て学んでいます。

家康が戦上手《いくさじょうず》というのも、ぼくに言わせれば、けっこう怪しい。家康が信長や秀吉のように巧《たく》みな戦術を立て、華々《はなばな》しく勝利したことはありません。采配が見事にはまり、輝きを見せた合戦は、小牧・長久手の戦い一度きり。勝てる戦いにはしっかり勝ち、ちょっとヤバいかもしれないという戦いにはしっかり負けている。彼の人生には一発大逆転の勝利はありません。

でも、こうした手堅く、平凡であることは非常に重要です。家康は戦の経験値を積むことで、勝てる戦しかしなくなる。その凡庸さが、最終的に彼を勝利者にしたとも言えるのです。関ヶ原の戦いは、勝てる戦いしかしない家康の真骨頂《しんこっちょう》。戦う前の外交戦により、すっかり西軍を骨抜きにしてしまった（第三章で詳述します）。結局、六時間ほどで決着がついてしまいました。

家康は戦時下にあってはもちろん、天下人になってからも、軍事をベースに考えた人です。政治や経済を軍事の下に置いたのです。徳川四天王をはじめ、重用したのはいずれも武断派。本多忠勝や榊原康政のように、戦場で「俺についてこい！」と号令一下、突撃していくタイプ。そこが、秀吉の人事との決定的な違いです。

秀吉は戦場での武功は重視せず、行政能力の高い、デスクワークがこなせる人物を重用したことはすでに述べました。そして、デスクワークが得意な文治派の典型が石田三成です。彼は「俺についてこい」というタイプとは真逆の人。外交や情報収集や兵站で手腕を発揮しました。たとえば、彼は堺《さかい》の統治を達成し、堺に経済だけでなく、兵站基地としての機能も持たせた。その効果は、九州征伐でいかんなく発揮されました。陸路だけでなく、堺からの海路を活用することで、大軍の移動を円滑に進め、結果的に九州征伐を短期間で終わらせることに貢献しています。

おそらく秀吉が理想としたのは、三成らデスクワーク派による文民統制。しかし、豊臣政権は朝鮮出兵により人心を失い、衰退へと向かいます。その意味では、秀吉の考え方は時代の先を行きすぎたのでしょう。

いっぽう、家康は国内が治まったからといって、外国と戦争するようなことはしません。政治も軍事をベースに考え、国内にあっても敵から領地を守ること、さらに事前に戦争の芽を摘んで戦争を起こさせないことを至上命題としました。多くの人が戦国の世はもうこりごりだと思っていたはずです。プラグマティストであり、リアリストでもあった、手堅く凡庸な家康の治世は、時代の要請でもあったように思います。

家康の信仰①〜天台宗か、浄土宗か

プラグマティストでありリアリストである徳川家康。そんな彼の信仰はどのようなものだったのか。二回にわたり見ていきます。

　ところで、歴代徳川将軍のお墓がどこにあるかご存じでしょうか？

　大きく二つに分かれて存在しているんだよね、と答えられた方はかなりの歴史通です。第二代秀忠《ひでただ》、第六代家宣《いえのぶ》、第七代家継《いえつぐ》、第九代家重《いえしげ》（「今でしょ！」の林修《はやしおさむ》先生に似ているとの説あり）、第一二代家慶《いえよし》、第一四代家茂《いえもち》は、芝の増上寺《ぞうじょうじ》。他の第四代家綱《いえつな》以下は、上野《うえの》の寛永寺《かんえいじ》になります。特例は初代家康と第三代家光《いえみつ》で、日光東照宮《にっこうとうしょうぐう》（現・栃木県日光市）に祀《まつ》られていることは有名ですね。また、〝最後の将軍〟第一五代慶喜は明治天皇から公爵を与えられると、宗家《そうけ》から独立して徳川慶喜家を創設。仏教から神道《しんとう》に改宗したため、谷中《やなか》霊園の神式《しんしき》墓地（円墳《えんぷん》）に眠っています。

　増上寺は浄土宗《じょうどしゅう》（総本山・知恩院《ちおんいん》）の大寺院です。江戸時代の荘厳な建物は残念ながら、太平洋戦争時の空襲で焼けてしまいましたが、戦災を免《まぬか》れた三解脱門《さんげだつもん》（他の寺院では山門《さんもん》に相当。重要文化財）の威容から、当時の様が偲ばれます。ちなみに、最寄りの地下鉄駅が「大門」（読みは「だいもん」です。「おおもん」は吉原《よしわら》）なので、ぼくは恥ずかしいことにずっと三解脱門＝大門だと思っていました。しかし違います。大門は表門《おもてもん》で、別にあります。元は江戸城の城門を移築されたものだそうですが、現在の大門は一九三七（昭和一二）年に造られていて、コンクリート製だそうです。

いっぽう、寛永寺は天台宗《てんだいしゅう》（総本山・延暦寺）。山号《さんごう》は東叡山《とうえいざん》。まさに東の比叡山の名にふさわしい大寺で、上野恩賜公園一帯を寺域としていました。現在、この地域は花見客などでにぎわい、動物園、博物館、美術館が立ち並んで、まさに「私たちの憩《いこ》いの場」になっていますが、江戸時代は将軍家の御霊《みたま》の安息地ということで、町人の出入りが禁じられていました。

寛永寺は江戸城の北東、すなわち鬼門《きもん》に置かれ、増上寺は南西、裏鬼門《うらきもん》にあります。平安京《へいあんきょう》の比叡山延暦寺と石清水八幡宮《いわしみずはちまんぐう》に相当するわけです。為政者が本当に風水的なことを意識していたのかどうか、ぼくは寡聞にして知らないのですが、位置関係はそういうことになっています。また、江戸城の本丸と寛永寺を結ぶ線を延長していくと、日光東照宮に達するのも有名な話ですよね。

ところで、あらためて言うと、二つのお寺は天台宗と浄土宗。宗派が違うわけです。では家康は、どちらの宗派を信仰していたのでしょうか。「宗論はどちら負けても釈迦《しゃか》の恥」

との川柳もありますし、仏様は異端審問など、あまり堅《かた》いことは仰らないイメージがありますので、どちらでもいいのかもしれませんが、すこし考えてみましょう。

こんなエピソードがあります。病《やまい》に倒れた（胃がん説が有力）家康の容体がいよいよ重くなり、お気に入りだった藤堂高虎が駿府城に駆けつけた。すると家康は、そなたにはずいぶんと尽くしてもらったが、われわれは宗派が異なるのであの世では会えまい。これでお別れだ、と言った。すると高虎は枕頭《ちんとう》に侍《はべ》っていた南光坊天海《なんこうぼうてんかい》を伴って別室に下がると、ややあって家康のもとに帰ってきて言った。今、天海さまにお願いして、宗旨を変える儀式を行っていただきました。これで、私も大御所《おおごしょ》さまと同じ宗派になりました。あの世でも変わらずに奉公いたします。それを聞いて家康はにっこり笑った、というのです。

高虎の本来の宗旨は日蓮宗《にちれんしゅう》です。それを天台宗の高僧である天海に頼んで変えたというのだから、天台宗になったと考えるのが自然です。これはたぶん史実ではないのでしょうが、この話の前提として、家康は天台宗を信仰していたことになりますね。いや、しかし。彼の旗印《はたじるし》は有名な「厭離穢土《おんりえど》、欣求浄土《ごんぐじょうど》」でしたし、「南無阿弥陀仏《なむあみだぶつ》」と細かな字で書き連ね、手印《しゅいん》を押した資料も存在する。敬慕するお母さんであるお大《だい》の方《かた》（水野《みずの》氏）

増上寺

室町時代の1393(明徳《めいとく》4)年、現在の東京都千代田区麹町《こうじまち》あたりにあった寺院を、浄土宗第八祖の酉《ゆう》誉《よ》聖聡《しょうそう》が真言宗から浄土宗に改宗し、創建。当時は下総《しもうさ》(現・千葉県北部、茨城県南西部)の守護大名・千葉《ちば》氏との関係が深かったらしい。やがて江戸に入府した徳川家康の帰依《きえ》を受け、寺地は現在地に移された。写真は本堂にあたる大殿《だいでん》で、1974年に建てられた。うしろには東京タワー(建設時に増上寺の土地を譲られた)が見える。

は、荘厳な知恩院に祀られている通り、熱心な浄土宗の信者です。こう見ていくと、やはり史実の家康は浄土宗を信仰していたと考えるべきではないでしょうか。

ひとつ、抜け道がないわけではありません。それは、天台宗の性格を考慮することです。天台宗、特に延暦寺は、言わば中世仏教の総本山としての性格を有していました。鎌倉新仏教として知られる浄土宗も、浄土真宗《じょうどしんしゅう》も、日蓮宗も、禅宗《ぜんしゅう》ですら皆、延暦寺もしくは天台寺院で修行した僧によって打ち立てられた宗派です。この史実をもって、たとえば黒田俊雄《くろだとしお》先生（大阪大学名誉教授）は、中世の仏教界の正統は平安時代と同じく、依然として天台宗であり、また真言宗《しんごんしゅう》である。これらを「正」とすれば、鎌倉新仏教は「従」と位置づけねばならない。そうした内容の「顕密《けんみつ》体制論」を唱えられました。

黒田理論の是非は措くとしても、天台宗は思想の懐《ふところ》が深く、また広く、鎌倉新仏教の母体となっています。浄土宗を開いた法然上人《ほうねんしょうにん》も延暦寺の黒谷《くろだに》で修行をし、「智恵第一の法然房」と謳われました。この意味で、天台宗と浄土宗は、けっして矛盾するものではない、との思想が生まれてもおかしくはない。たとえば有名な長野の善光寺《ぜんこうじ》は、天台宗と浄土宗、二つの宗派の僧侶によって守られています。

天海は家康の没後、山王一実神道《さんのういちじつしんとう》に依拠して家康の霊を権現《ごんげん》（東照大権現《とうしょうだいごんげん》）の神号《しんごう》で祀ることを主張しました。山王一実神道においては、山王権現とは大日如来《だいにちにょらい》であり、天照《あまてらす》大神《おおみかみ》でもあります。天台宗に真言宗（大日如来は真言宗の最高仏）、それに日本古来の神道までを包摂するのが天海という思想の巨人ですので、彼が浄土宗との融和を図っていても不思議ではありません。

家康の信仰②～「東照」と「日光」の謎

何も疑問を感じなかったのに、立ち止まって考えてみるとわからなくなることって、少なくないですね。家康の神としての名、東照大権現がまさにそれ。「権現さま」について、明神《みようじん》号を推す金地院崇伝《こんちいんすうでん》と、権現号を主張する南光坊天海の議論の結果、権現に定まったという話は有名ですが、それはさておいて。世間でも研究者にも、あまり問題になっていない「東照」のほうを見ていきます。

東照。二つしかない漢字なので、文法は無視します。そうすると、①東を照らす、なのか。②東から（日本を）照らす、なのか。もしこれが①であると、ぼくが抱えている疑問が氷解します。その疑問とは、「なぜ徳川家康は江戸に幕府を開いたのか」。源頼朝は朝廷の力が強力だったので、僻地《へきち》である東国《とうごく》を基盤とするしかなかった。足利尊氏は、武士はもう十分に力をつけたと評価して、京都で幕府を開いた。その流れを受けて、織田信長も豊臣秀吉も、先進地域であった京の周辺に政権の本拠を置いた。

では、なぜ家康は当時まだ田舎だった関東に拠点を置いたのか。それがぼくには、難問なのです。

ひとつの答えとして、家康は内需拡大を狙った。関東と東北を発展させれば、日本列島はまだまだ豊かになる。そう考えた。これを答えAとして、果たして妥当か。実際、陸奥《むつ》国（現・青森県、岩手県、宮城県、福島県）は、江戸時代はじめの生産力が一五〇万石くらい、それが幕末には三〇〇万石に。出羽国は三〇万石が一五〇万石に。飛躍的に米が取れるようになった。ではAは正解か？　うーん、その割に家康って、政権を開いたあと、江戸にはたった二年しかいなくて、駿府に行っちゃうんだよなぁ。江戸に愛着を持っていなかったのかな？　そこで、もしも東照が①ならば、家康が日頃「これからは関東・東北だ！　私はそのためにがんばるぞ」的なことを周囲に言っていた結果として①だとすると、実に都合がいいんですが……。

いや、ところがですね。東照を提案したのは朝廷だそうです。幕府から朝廷に申請があると、朝廷は、それでは次から決めたらどうですか、と東照大権現、日本《にほん》大権現、威霊《いれい》大権現、東光《とうこう》大権現の四つを示した。幕府はそのなかから東照を選択したそうです。提案元が同一なら、この四つは同じテイストであるはずですね。日本でも威霊でも、根本はそんなに変わらないとすると、東だけを照らす、はありえませんね。②東から日本を照らす、が正解のようです。

ぼくのなかでは、ひとつ問題が片づきました。そこで次。日光山輪王寺《にっこうさんりんのうじ》のホームページを拝見すると、東照大権現の本地仏《ほんじぶつ》（神《かみ》は仏《ほとけ》が権《かり》に形を変えてこの世に現れたものとする本《ほん》地垂迹説《じすいじやくせつ》において、神の本来の姿である仏や菩薩《ぼさつ》）は薬師如来《やくしにょらい》とあります。確かに東方の仏様は薬師如来ですよね。あっ、そうか！　家康が薬師如来だからこそ、薬師如来の眷属《けんぞく》たる十二神将《じゅうにしんしょう》を家康の家来たちに見立てて、これに四天王を加えた「徳川十六神将図《とくがわじゅうろくしんしょうず》」などが描かれるのか。なるほど、なるほど。

などと一応は納得したものの、実は根本的な問題が残っています。というのは、前項から問題にしている、家康自身の信仰です。家康は浄土宗の信仰を持っていたはず。となると、帰依していた仏は阿弥陀如来《あみだにょらい》なんじゃないのかな。もちろん、阿弥陀如来は西方浄土《さいほうじょうど》にいらっしゃるので、東と西、方向もまったく逆。いいのかな？　まあ前述したように、仏様はそんなに堅苦しいことは仰らないはずですが……。

もうひとつの疑問。そもそもなぜ日光か。これは回答があります。家康側近の金地院崇伝の『本光国師日記《ほんこうこくしにっき》』には、崇伝と天海と本多正純が呼ばれ、「臨終候《そうら》はば御躰《ごたい》をば久能《くのう》へ納《おさめ》。御葬礼をば増上寺にて申付《もうしつけ》。御位牌をば三川《みかわ》之大樹寺《だいじゆじ》に立《たて》。一周忌も過《すぎ》候《そうろう》て以後。日光山に小《ちいさ》き堂をたて。勧請《かんじよう》し候へ」と指示された、とあります。日光には「小さき堂」なのです。でも、家康は久能山から日光に改葬されたと言い、あんなに荘厳な宗教施設が建立されました。

久能山、増上寺、大樹寺と異なり、家康は生前、日光とは縁がありません。想像してみてください。みなさんが眠る時、知らない土地がいいですか? ぼくはいやだな。やはりなにがしかの縁故があるところ、思い出があるところがいい。家康ほどの英雄となると、発想が異なってくるんでしょうけれど。

日光という地は、元は修験《しゆげん》で栄えたところです。天台宗と縁が深く、鎌倉時代には日光山座主《ざす》がトップとして置かれました。その座主の地位を兼任していたのが、京都の本覚院《ほんがくいん》門跡《もんぜき》で、この門跡は青蓮院《しようれんいん》門跡の支配下にありました。ということを考えると、家康を日光に改葬して、日光に巨大な宗教的施設(寺でもあり神社でもある。修験の聖地でもある)

徳川家康が眠る!?　宝塔

写真は、日光東照宮の奥社《おくしゃ》(本社《ほんしゃ》より奥にある神社)宝塔。1965年までは非公開だった。奥社宝塔は1622(元和8)年の創建で、もともとは木造。1641(寛永18)年に石造にあらためられ、1683(天和《てんな》3)年に現在の唐銅《からかね》製(金・銀・銅の合金)になった。文化財としても貴重で、重要文化財に指定されている。この下に徳川家康の遺体が眠っているという。仮に遺体自体が久能山から移されていないとしても、神社は神霊を祀るところであるから、まったく問題はない。

を創造したのは、家康の遺志というよりも、天台宗の高僧である天海僧正の理念にもとづいていたのではないでしょうか。

江戸時代後期の武士で、勤務地の駿河を隈《くま》なく調査した阿《あ》部《べ》正信《まさのぶ》が『駿国雑志《すんこくざつし》』という書物をまとめ、そこに家康の改葬についての天海の和歌を載せています。「あれはある　奈《な》け連《れ》は奈ひ尓《に》　駿河なる　く能《の》奈き

神の 宮遷《うつ》し哉《かな》」「駿河なる」は「する可なる」にかかっている。「くのなき」は「軀《く》のなき」という字を当てるべきだと地元静岡では言っている。となると、この歌の意味はこうなります。「家康様の遺体があればある、ないならないとしておけばよいではないか 家康様のご遺体のない、久能山から日光山への宮移しであることよ」。この歌が本当なら（あくまでも阿部が採集したもので、本物である可能性は高くはない）、家康の遺体は今でも久能山に眠っていることになりますが、さて？

石川数正の出奔、本当の理由

家康いわく「人の一生は重荷を負《おい》て遠き道をゆくが如し いそぐべからず」。「なにわのことも 夢のまた夢」と詠んだ豊臣秀吉に比べても、プラグマティストの片鱗《へんりん》が見える。家康が天下人に上り詰める「遠き道」において、信《しん》を置いた二人の人物を取り上げます。まずは、家康の前半生を支えた石川数正です。

三河松平家にもっとも古くから仕えていた家臣を、『柳営秘鑑《りゅうえいひかん》』（江戸幕府の年中儀礼や格式などを記す）は「安祥譜代《あんじょうふだい》」と分類し、これに当てはまるのは七家としています。石川家は、酒井、本多と共にそのひとつに数えられ、代々、松平家の「おとな（重臣）」として仕えていたようです。

数正は一五三三（天文二）年の生まれ。九歳年少の主君が駿府で生活していた時期から、側《そば》近くに仕えていました。家康が三河で独立すると、今川氏真《うじざね》（義元の嫡男）と交渉して正室・築山殿《つきやまどの》を取り戻したり、織田信長と交渉して清洲同盟《きよすどうめい》締結の下準備をしたりと、言わば外交面で才能を発揮しました。頭が切れ、弁舌爽《さわ》やか。さらには誠実な人柄（もしくはそう見せる才覚）というような人間像が浮かびます。

一五六三（永禄六）年の三河一向一揆で、父は一揆方についたようですが、数正は家康側へ。父の進退の影響か、石川本家は叔父の家成《いえなり》が継ぎましたが、家康の数正への信頼は揺るがず、酒井忠次・石川家成に次ぐ徳川家中第三の立場を占めました。やがて叔父に代わり西三河の家臣たちを統率するようになります。東三河は酒井忠次がまとめていたので、強大な武田家と必死に戦っていた当時の家康の右腕は忠次、左腕が数正、と言うことができます。家康が浜松城に本拠を移すと、岡崎《おかざき》城を任された嫡男の信康《のぶやす》の後見を務めました。信康が自害したあとは、岡崎の城代《じょうだい》（城主の代わりに城を守り政務を代行する）を任されました。

本能寺の変後に羽柴秀吉が台頭すると、数正は秀吉との交渉を担当しました。一五八四（天正一二）年、秀吉と家康が激突した小牧・長久手の戦いにも参加。けれども同時に、秀吉との和睦を強く提言したと言われます。実際に交渉にあたっていただけに、秀吉勢力の急激な膨張を、客観的に評価できたのでしょう。

そして翌年一一月、事件が起きます。数正は徳川家を出奔《しゅっぽん》し、秀吉の直臣《じきしん》になる道を選んだのです。家康が秀吉に従属したのはこの一年後のことで、数正出奔時は、二人は冷戦の真《ま》っ只中《ただなか》。秀吉サイドから数正への働きかけは、家康陣営の切り崩しを目的として、当然あったはずです。では、なぜ数正が誘いに応じたのか。その理由が定かではありません。

小説家・山岡荘八《やまおかそうはち》の代表作と言えば、ご存じ『徳川家康』です。この作品は一九五〇年から新聞連載が始まり、一九六七年に完成して、大ベストセラーとなりました。中高生だったぼくも夢中になって読みましたが、ここで山岡は「自身が裏切り者の泥をかぶることにより、徳川家と家康を守った石川数正」像を熱く描きました。それが直接の原因かどう

松本城

戦国時代、信濃守護の小笠原《おがさわら》氏は松本《まつもと》盆地東部の林《はやし》城を居城とし、その支城のひとつ深志《ふかし》城が松本城(現・長野県松本市)の前身とされる。武田信玄が小笠原氏を追放すると、武田氏は林城を破却し、深志城に馬《ば》場《ば》信春《のぶはる》を置いて松本盆地を支配した。時代が下り、豊臣秀吉の小田原征伐後、この城には石川数正が入城し、今も残る天守(写真)や城郭、城下町の整備を行った。石高不相応に立派な城を築いたのは、やはり関東に移った徳川家康への抑えのためだろう。姫路城、彦根城(現・滋賀県彦根市)、犬山城、松江《まつえ》城(現・島根県松江市)と共に国宝に指定されている。

か、この数正の行動を、どうも世間は深読みしたがるようです。

　しかしながら、冷静に見れば、秀吉は家康陣営にダメージを与えたい。数正は自分がより活躍できる場を求めたい。この両者の利害が一致した、と解釈することは十分に可能です。ごく普通に理解できるなら、それに越したことはない。小説は複雑かつ斬新な解釈をするところに妙味がありますが、歴史学がそれに引きずられてはいけません。

当時の秀吉の行動を見ると、同じような事例はいくつも検出できます。あえて分類すると、Ⓐ計算ずくのヘッドハント。他家の重臣を秀吉直臣に取り立て、その家にダメージを与える。典型例は、島津家から伊集院忠棟《いじゅういんただむね》（幸侃《こうかん》）を独立させた一件でしょう。柳川《やながわ》城主に任じた立花宗茂《たちばなむねしげ》も大友家からの引き抜きと考えることができますし、鍋島直茂《なべしまなおしげ》や津軽《つがる》為信《ためのぶ》の独立を承認したのも、秀吉の恩義を強調する狙いが見え隠れします。小早川隆景の重用だって、毛利家への牽制《けんせい》の意味合いがあったのかも。

Ⓑとして、秀吉が純粋に「家来に加えたい！」と触手を伸ばす事例。丹羽長秀が没すると、長束正家《なつかまさいえ》（五奉行の一人）、上田重安《うえだしげやす》（宗箇《そうこ》。勇士かつ茶人《ちゃじん》・造園家）らを引き抜いています。伊達家の茂庭《もにわ》（鬼庭《おににわ》）綱元《つなもと》もずいぶんと気に入られていたようです。前述の立花宗茂はむしろこっちかな。

こうした実例から、数正だけが特別なわけではない。彼としては、現代のビジネスパーソンが転職するように、家康より秀吉に将来性を感じたのでしょう。それだけのことだと思います。

いっぽうで秀吉はどうか。家康に精神的なダメージを与え、そのうえで徳川家の情報もがっちり入手した。それでもう、数正に興味はなくなったんじゃないかな。河内で取りあえず八万石を与え、小田原の北条氏を滅ぼすと、関東に移る徳川を見張れ、と言わんばかりに信州《しんしゅう》・松本に一〇万石。当時の秀吉は朝鮮出兵を第一に考えていますので、重要な大名は畿内か西国に配置しています。松本一〇万石は微妙ですね。

徳川家も、さほど石川家に興味なかったんじゃないでしょうか。数正は一五九三（文禄二）年に六一歳で死去し、子の康長《やすなが》が松本を受け継ぎます。でも秀吉が亡くなったからといって、徳川は石川家をいじめたりしていない。伊集院忠棟なんて、「太閤殿下の威光を傘に、よくも偉そうにしておったな！」って感じで、殿さまの島津忠恒《ただつね》自らに成敗されているのに。でも石川家には何もなし。まあ、結局は一六一三（慶長一八）年の忘れた頃に、大久保長安《おおくぼながやす》事件（第三章で詳述）に連座して改易《かいえき》（領地を没収または除封《じょほう》し、家を断絶させる処分）されるんですけれど。

天下人に好かれた藤堂高虎

石川数正は譜代でしたが、外様大名ながら家康に信頼されたのが、ここまで何度も登場している藤堂高虎です。高虎は一五五六（弘治《こうじ》二）年、近江国犬上《いぬかみ》郡藤堂村（現・滋賀県犬上郡甲良《こうら》町）の藤堂虎高《とらたか》の次男として生まれました。藤堂家は由緒正しい武家でしたが、高虎が生まれた時には零落し、農民と変わりがなかったと言います。

少年時代から抜群の体格で、かつ激しい性格。兄の死によって家督を継ぎ、浅井長政に仕えました。浅井家滅亡後はその旧臣だった阿閉貞征《あつじさだゆき》に出仕《しゅっし》しますが、同僚を斬ってしまい、浪人に。その後、同じく浅井旧臣の磯野員昌《いそのかずまさ》の家臣となりました。禄高《ろくだか》は八〇石と伝わります。次いで、織田信長の甥《おい》の津田信澄《つだのぶずみ》に仕えますが、ここも長くは続かず、また浪人しています。

一五七六（天正四）年、二一歳の時に、羽柴秀吉の弟である秀長の家来となりました。はじめ三〇〇石。すぐに武功を挙げて、一〇〇〇石を加増され、足軽大将《あしがるたいしょう》となりました。その後も播磨の三木《みき》城攻め（一五八〇年）や但馬国平定戦（一五八一年）など、度重なる合戦に従軍してその都度手柄を立て、加増されています。

一五八五（天正一三）年、羽柴秀吉の紀州《きしゅう》征伐に秀長家臣として従軍して功績を挙げ、翌々年の九州征伐の功により、紀伊・粉河《こかわ》（現・和歌山県紀《き》の川《かわ》市）に二万石の領地を与えられました。

この頃から、戦地で城を築くなど、普請《ふしん》の才を発揮するようになります。一五八六（天正一四）年、関白となった秀吉に臣従するため上洛してくる徳川家康の屋敷の建築を秀長から任された高虎は、当初の設計図に警備上の問題を発見して独断で設計を変更、私費で追加の工事を実施しました。事情を知った家康から説明を求められると、「家康さまにもしものことがあれば、主人である秀長の不行き届きとなり、ひいては関白さまの面目にかかわります。そのため私の一存で変更いたしました。ご不快であれば、お斬りください」と返答しました。家康は、高虎の心配りに感じ入ったと言います。

九州征伐では、島津軍との戦いで奮戦し、加増されて二万石となりました。秀長の家臣団のうちで、「武」を代表する第一人者となったのです。ところが、禄高二〇〇〇石から二万石へと引き上げてくれた主人で恩人の秀長が一五九一（天正一九）年に病没します。引き続き、養子の秀保を補佐しましたが、彼も四年後に亡くなりました。高虎は悲嘆に暮れ、出家して高野山《こうやさん》に上りました。

彼のこの行動を見ると、秀長への忠誠心は、まさに本物であったように思えます。だから、秀長亡きあとは養子の秀保を盛り立て、秀保が早世すると世を捨てようとまでしたのでしょう。ですが、彼の才能は、今度は秀吉に必要とされました。秀吉の召還に応じて還俗《げんぞく》（僧籍に入った者が俗人に戻ること）したところ、高虎は伊予《いよ》・板島《いたじま》（現・愛媛県宇和島《うわじま》市）七万石の大名に取り立てられました。朝鮮での戦いには水軍を率いて参加。その功で大洲《おおず》城一万石を加増されて、八万石。この時期に中世以来の板島の城を、現在の宇和島城につながる近世城郭へと造り替えています。

一五九八（慶長三）年に秀吉が亡くなると、家康に急接近しました。二人はよほど馬が合ったと見え、高虎は家康の厚い信頼を獲得します。関ヶ原の戦いはもちろん東軍に属して奮戦し、戦後は宇和島城八万石の他、今治《いまばり》城一二万石が加増され、二〇万石の大名となりました。両方の土地は離れて存在していましたが、高虎は今治城を居城とし、大改築を行いました。

前述のように、天守には望楼型と層塔型があります。古いのは望楼型で、屋根の上に櫓《やぐら》を載せる形のため、構造上の問題がありました。それを克服すべく工夫されたのが層塔型で、しっかりとした天守台を造り、その上に規格化された部材を用いて全体を組み上げていきます。その第一号が今治城の天守であるとされます。もっとも、昭和に再現された今治城天守は望楼型になっていますが。

その後、高虎は、徳川家の重臣として仕えます。一六〇八（慶長一三）年には伊賀《いが》（現・

藤堂高虎と宇和島城

宇和島城は、元は板島丸串城《いたじままるぐし》と称した。1595(文禄4)年、藤堂高虎が宇和郡7万石を与えられ、板島を宇和島とあらためた。高虎は、自らの居城として海に面する地形を利用した本格的な城を築いたが、関ヶ原の戦いのあと、今治に居城を移す。1614(慶長19)年、伊達政宗の庶長子である秀宗《ひでむね》が10万石で入封《にゅうほう》。以後、仙台伊達家の別家として幕末まで続いた。第2代藩主・宗利《むねとし》が城の大改修を行い、現在の天守(写真)は1666(寛文《かんぶん》6)年頃に完成したものである。

三重県北西部）と伊勢《いせ》（同東部）の二二万石に加増移封《いほう》され、津《つ》藩主となりました。もし西国の雄藩《ゆうはん》が関東に攻め下ってきたら、琵琶湖《びわこ》の南から来る（現・新幹線の通行路）軍勢は井伊家の彦根で、東海道を通る軍勢は藤堂家の津で防ぎ、両者の後背に名古屋城が控える、といった構想だったと推測します（次項で詳述）。高虎の藤堂家は、関東防衛の基本戦略に組み込まれていたのです。

高虎は大坂の陣でも大いに戦い、その功績により伊賀と伊勢で五万石を加増され計二七万石の大名に。家康死去の際には枕元に侍ることを許され、引き続き徳川秀忠に仕えました。秀忠という人は、立花宗茂や伊達政宗など、武闘派の人物を好んで側《そば》近くに置きました。幾多の戦場で活躍してきた高虎も重んじられ、一六一七（元和三）年には、新たに伊勢で五万石が加増され、これで津藩の石高は三二万石となりました。彦根の井伊家と同じくらいの存在感です。

一六二七（寛永四）年、江戸の藤堂家の敷地内に上野東照宮《うえのとうしょうぐう》を建立。上野の地名の由来は、地形の感じが伊賀上野に似ているというところから、と言われています。一六三〇（同七）年一〇月、江戸の藤堂藩邸で死去。享年七五。墓は上野公園内にあります。

家康が想定していた防衛戦争

徳川家康は国に大事があって戦いが起きた時、徳川家の先鋒《せんぽう》は藤堂家、次いで井伊家、と遺言したと言われます。先鋒が井伊で、第二陣が藤堂と記す書物もありますが、今回調べてみたら、「藤堂と井伊の卓越」の確固たる根拠となる資料は見つかりませんでした。それにしても、この二家が軍事面で、幕府から重視されていたことはまちがいないでしょう。

伊勢・津の藤堂家に、近江・彦根の井伊家。両家は、京都から軍勢が攻め下るとすると、ポイントになる地点に置かれています。現在の東海道新幹線は、降雪時の難所として知られる関ヶ原から米原《まいばら》を通り、琵琶湖の南を通って京都に着きますが、道中のほとんどは、江戸時代の街道で言うと中山道《なかせんどう》になります。五八番目の宿場が関ヶ原で、六八番目が草津《くさつ》。ここで東海道と合流して、そこから大津《おおつ》、三条大橋《さんじょうおおはし》（京都）です。

では、東海道はどうかと言うと、熱田《あつた》から船に乗り（七里《しちり》の渡《わた》し）、桑名《くわな》に出ます。そのあと四日市《よっかいち》（四三番）、水口《みなくち》（五〇番）などを通り、草津へ。東海道の宿場としては、草津は五二番目です。そのあと大津、三条大橋。

とすると、江戸を目指して京都を出発するとなると、大軍は街道でなければスムーズに移動できませんから、このどちらかを進むことになる。名古屋に到達するまでに道は二つ。中山道か、東海道か。中山道を行けば、行く手に彦根城が立ちはだかる。東海道を選択すると、津城がある、ということです。どちらかが城に立て籠もって防御する。バックアップは名古屋が受け持つ。これが西国勢を迎え撃つ、防衛ラインの基本構想だったのでしょう。

城攻めを遂行するには、戦《いくさ》の常識として、攻め手は守り手の三倍の軍勢を揃えなければならない。ただし、たとえば関ヶ原の戦いの時の北陸では、二万の前田勢は、三〇〇〇の守備兵はいないだろう小松城《こまつ》（城主は丹羽長重《ながしげ》）を攻めませんでした。これは小松城が有名な堅城《けんじょう》だったために、六倍以上の兵力はあるけれども、これを落とすのには時間も人的犠牲も必要になる、と判断したためだと思います。それで前田利長は、城から丹羽勢が打って出てきた時のための備えを残し、越前方面へと進んでいます。

この実例でわかることは、城が名城、堅城と呼ばれる立派なものであれば、六倍の兵力でも「攻めたくないな」と攻め手を怯《ひる》ませることができる、ということです。ここで言う立派な城とは、具体的にはある程度の広さを有し、縄張りが巧妙に計算されていて、堀や石垣などの防御施設が整備されている城郭のことです。この城を効果的に運用するためには、兵力がそれなりに準備されていなければなりません。

藤堂高虎と津

津はかつて「安濃津《あのつ》」と呼ばれた。室町時代、日本を代表する港を「三津七湊《さんしんしちそう》」と称したが、三津とは堺《さかい》、博多津《はかたつ》、安濃津（もしくは坊津《ぼうのつ》）のこと。安濃津は繁栄を誇る商業都市だった。この地に本格的な城を築いたのは、織田信長の同母弟の信包《のぶかね》で、彼のあとに秀吉の側近であった富田一白《とみたいっぱく》が6万石で入った。富田氏は関ヶ原の戦いで東軍について本領を安堵《あんど》され、1608（慶長13）年に伊予・宇和島に移封となる。この時、代わって伊予から入城したのが藤堂高虎だ。彼は城を大改修して輪郭式の城郭とし、現在の津の市街地につながる城下町を整備した。写真は、津城跡の藤堂高虎像。

これはぼくの推測ですが、幕府は守備兵力をおよそ八〇〇〇人、と試算したのではないでしょうか。そうすると、その六倍の四万八〇〇〇人、約五万の軍勢を一定期間は支えることができる。彦根城、津城は天下の名城です。となると、五万の大軍が京都を出発して東下《とうか》してくる。それが中山道から来るにせよ、東海道をやって来るにせよ、彦根か津で受け止める。しばらく持ちこたえれば、まずは名古屋から援軍が派遣される。それで十分に時間を稼ぎ、幕府の勢力圏である東海・関東地方で大軍を編成して、決戦を挑む。

井伊家は井伊直孝《なおたか》が家を継ぐ時に、一悶着《ひともんちゃく》がありましたが、そのことは第三章で触れましょう。いずれにせよ、直孝が当主になった時、彦根藩は一五万石でした。

このあと、直孝は多くの所領を獲得していきます。大坂の陣の褒美として五万石(計二〇万石)。一六一七(元和三)年と一六三三(寛永一〇)年に、それぞれ五万石の加増。あわせて三〇万石。さらに幕府領の城付き米預かりとして五万俵、知行高《ちぎょうだか》換算五万石が付与され、三五万石の格式になりました。譜代大名として、この石高は異例中の異例(譜代では三〇万はおろか二〇万石以上の藩がない)で、井伊家というのはきわめて特殊な家なのです。

これと平仄《ひょうそく》を合わせるように加増されたのが藤堂家。前述のように、関ヶ原の戦いのあと、藤堂高虎は宇和島八万石に今治一二万石が加増され、合計二〇万石となりました。一六〇八（慶長一三）年、高虎は二万石の加増で、津へ移ります。大坂の陣のあと、井伊家と同じく五万石を加増されて計二七万石。また井伊家と時を同じくするように、一六一七（元和三）年に五万石を加増されて三二万石に。この足並みの揃い方には、幕府の意図があるように感じられます。元和三年は、徳川家康が没し、秀忠の時代です。秀忠の小姓を務めていた直孝はもちろん、藤堂高虎も秀忠の寵臣《ちょうしん》だったのでしょう。

家康は、僧侶として金地院崇伝と南光坊天海を重用していました。さらにどちらか一人と言えば、天海ではなく崇伝だったらしい。でも、家康没後に、天海が主張したように日光が大々的に造営され、東照大権現の神号が決定したことから見ても、天海の発言力が崇伝を超えて伸長していく。となると、天海、それに彼と密接な関係を持つ高虎は、家康の権臣《けんしん》である以上に、「秀忠のお気に入り」として見なくてはならないと思います。

第三章

家康の家臣操縦術

家康と十六将

有名な戦国武将とその主要な家臣たちを描いた絵、ってありますよね。「武田二十四将図《たけだにじゅうよんしょうず》」がもっともポピュラーなのかな。武田信玄が一番上の真《ま》ん中《なか》。その下に右と左に分かれて、山県昌景《やまがたまさかげ》だの馬場信春だのが並ぶ。真田幸村のお父さんである真田昌幸《まさゆき》は、そのまま真田昌幸として描かれることもあるし、信玄の近習《きんじゅ》時代の武藤喜兵衛《むとうきへえ》として出てくることもある。いないこともあります。

こうした絵画が描かれたのは江戸時代でしょう。江戸の庶民は、何でも番付にするのが好きでしたが、そうしたものの先駆けとして、大名と武将を描いたのかな。

おもしろいのは、数字に差があること。武田は今言ったように二四。上杉謙信は一七かな。毛利元就だと一八といった具合。なぜこの数字かは、よくわかりません。一七という数字は、聖徳太子《しょうとくたいし》の「憲法十七条」の影響でよく用いられていて、戦国大名のはしりである朝倉敏景がまとめた家訓は一七カ条、鎌倉幕府の基本法「御成敗式目《ごせいばいしきもく》」は一七×三＝五一カ条です。だから、上杉家の一七将というのは伝統的な一七を意識したのかな、と推測できますが、他は見当がつきません。

そこで、徳川家康です。徳川は一六将ですね。該当者というと、普通は酒井忠次（一五二七～一五九六年）・本多忠勝（一五四八～一六一〇年）・榊原康政（一五四八～一六〇六年）・井伊直政（一五六一～一六〇二年）の徳川四天王と、米津常春《よねきつつねはる》（一五二四～一六一二年）・高《たか》木《ぎ》清秀《きよひで》（一五二六～一六一〇年）・内藤正成《ないとうまさなり》（一五二八～一六〇二年）・大久保忠世《ただよ》（一五三二～一五九四年）・大久保忠佐《ただすけ》（一五三七～一六一三年）・蜂屋貞次《はちやさだつぐ》（一五三九～一五六四年）または植村家存《うえむらいえさだ》（一五四一～一五七七年）・鳥居元忠《とりいもとただ》（一五三九～一六〇〇年）・鳥居忠広《ただひろ》（？～一五七三年）・渡辺守綱《わたなべもりつな》（一五四二～一六二〇年）・平岩親吉《ひらいわちかよし》（一五四二～一六一一年）・服部正成《はっとりまさなり》（一五四二～一五九六年）・松平康忠《まつだいらやすただ》（一五四六～一六一八年）または松平家忠《いえただ》（一五五五～一六〇〇年）となります。

知名度の低い人を解説していくと、米津は馬廻《うままわ》りで三〇〇〇石、高木は水野信元《みずののぶもと》、佐久間信盛《のぶもり》に仕えたあとに家康に臣従。五〇〇〇石。内藤は弓矢の名手で五〇〇〇石。大久保の二人は兄弟で、年の離れた弟が有名な彦左衛門。蜂屋は若くして討ち死にしています。植村は三七歳で病死するも、子孫が大和・高取《たかとり》（現・奈良県高市《たかいち》郡高取町）二万五〇〇〇石の殿様に。鳥居の二人も兄弟。忠広が弟。渡辺は「槍の半蔵」の異名を取る勇士。徳川義《よし》直《なお》（御三家の尾張藩・初代藩主）の後見人を務め、一万四〇〇〇石。正成はいわゆる「服部半蔵《はんぞう》」で、八〇〇〇石。松平康忠は子の代に武蔵《むさし》・深谷《ふかや》（現・埼玉県深谷市）一万石。家忠も一万石。『家忠日記《いえただにっき》』の記主で、関ヶ原の戦いの前哨戦、伏見城の戦いで鳥居元忠と共に戦死した。

うーん、大名になっていない人が多いですね。家康って、身内にはケチだったのかな。譜代大名は、それなりに数がいるわけです。老中になったり、若年寄《わかどしより》になったり、幕府政治を担っていく人たちは、とにもかくにも大名です。

いっぽうで一六将の面々は家康と共に戦火をくぐり抜けてきた人たちなのですが、彼らは大名になっていないか、なっていたとしても、小身《しょうしん》の大名にすぎない。家康の代に五万石オーバーの大名になっているのは、本多忠勝、榊原康政、井伊直政、平岩親吉くらいかな。秀吉配下の賤ヶ岳の七本槍だと、加藤清正、福島正則が秀吉在世時に二〇万石オーバー。うーん、やっぱり、家康と共に戦った武将は不遇なのかな。このあたりのことは、また考えます。

そもそも、家康だとなぜ一六将、他の呼び名だと十六神将なのか？　これまた、後世の

東大寺戒壇堂の「四天王立像」

唐《とう》の僧・鑑真和上《がんじんわじょう》は14人の僧侶を伴って754(天平勝宝《てんぴょうしょうほう》6)年に招来《しょうらい》され、日本にはじめて正しい戒律《かいりつ》を伝えた。大仏殿《だいぶつでん》の西に位置する戒壇堂《かいだんどう》は、僧が戒律を授かる(受戒《じゅかい》する)ための建物で、これを中心として戒壇院と呼ばれる伽藍《がらん》が造営された。現存する建物は、江戸時代に再建された戒壇堂と千手堂《せんじゅどう》など。天平仏《てんぴょうぶつ》の傑作と評価される国宝・四天王立像《してんのうりゅうぞう》は奈良時代の作で、戒壇堂の四方に置かれていた。写真は東大寺ミュージアムで公開されていた時のもので、現在は戒壇堂に戻っている。

呼び名でしょうが、酒井忠次、本多忠勝、榊原康政、井伊直政は「徳川四天王」と呼ばれます。四天王は東西南北を守る仏です。並べてみましょう。

東方—持国天《じこくてん》、東勝《とうしょう》身洲《しんしゅう》を守護。

南方—増長天《ぞうちょうてん》、南贍《なんせん》部洲《ぶしゅう》を守護。

日本は、というか、世界はこの南贍部洲に属するんじゃなかったかな。
西方―広目天《こうもくてん》、西牛貨洲《さいごけしゅう》を守護。
北方―多聞天《たもんてん》、北倶盧洲《ほっくるしゅう》を守護。毘沙門天《びしゃもんてん》とも呼ぶ。

四天王の像としては、なんと言っても東大寺戒壇堂のものが有名ですね。それで、ぼくは、ふと一六から四を引いてみたのです。すると、残りは一二。これも有名な、仏教の戦いの仏があります。そう十二神将です。十二神将は十二薬叉大将《じゅうにやくしゃだいしょう》とも言い、薬師如来を守護する一二の仏尊です。奈良の新薬師寺《しんやくしじ》にある塑像《そぞう》の十二神将像がよく知られています。もともとは悪神《あくじん》（災いをもたらす神）である夜叉《やしゃ》だったのですが、仏と仏法の真理に降伏《ごうぶく》し、善神《ぜんしん》となって仏と信者を守護するのです。

注意深い方は、「薬叉」ってなんだ？　夜叉なら聞き覚えがあるが、って思ってらっしゃるかも。結論から言うと、夜叉と薬叉は同じ存在なのかな。サンスクリット語、パーリ語を音訳しているので、こういうことになる。でも、鎌倉時代の法会《ほうえ》（仏事・法要）だと、薬叉という名詞が普通に出てきます。音はふりがながないのでわかりませんが、「やくしゃ」じゃないかな。これは余談ですが。

もしかすると、家康は四天王と十二神将に守られてる、って言いたいのでしょうか？　仏教が今よりも身近だった江戸時代なら、これはありえる想定かもしれない。何しろ家康は天下を取ったすごい人だし。でも、あれ？　そうだとすると、妙なことがあるな……。ぼくの思考は、ここでいったん止まってしまいました。さて、何が引っかかったのでしょうか。タネあかしは次項で。仏教の基本ですので、みなさんも考えてみてください。

南光坊天海の謎

徳川家康は四天王と十二神将に守られている、それが「徳川十六神将図」の基本コンセプトかもしれない、と述べました。でも、それだと根本的におかしなことになるな……。そこでみなさんにも考えてほしいので、クイズです。この「根本的におかしなこと」とはなんでしょうか？　というのが前項でしたが、おわかりになりましたか？

仏の世界の常識では、十二神将が守っているのは、薬師如来なんですよね。病気を治してくださる仏様です。お医者さんがいない、薬のない世界に住んでいた昔の人々は、この仏様を頼りにした。「痛み」を和らげてくださる仏様への信仰は、広く共有されたわけです。

十二神将は薬師如来を守護する。いっぽうで十二神将は家康を守る。つまりここでは、家康は薬師如来に擬《ぎ》されていることになります。薬師如来は東方の仏。家康は東国、江戸に政権を置いた。ぴったりかな。ところが、家康が信仰していたのはよく知られる通り、ナムアミダブツ、阿弥陀様です。

仏様だから融通無碍《ゆうずうむげ》、と言ってしまえばそれで終わりですが、基本を押さえておきましょう。阿弥陀如来は西方の仏様です。極楽浄土《ごくらくじょうど》は西にある。往生《おうじょう》を願う人はたくさんいて、人々は西に向かって手を合わせた。保元《ほうげん》・平治《へいじ》の乱の中心にいた藤原信西《しんぜい》（通憲《みちのり》）、歌に生きた西行法師《さいぎょうほうし》、禅を広めた栄西禅師《えいさいぜんじ》。法名《ほうみょう》は皆「西」の字を用います。「東」が法名に入った有名人は、へそ曲がりを自任した「東行《とうぎょう》」こと高杉晋作《たかすぎしんさく》くらい？

家康は自身が阿弥陀様への信仰を持ち、「南無阿弥陀仏」と日に何度も書き記していた。その家康が薬師如来とは？　それがぼくの違和感の正体です。

そこですぐに想起するのは、家康が「東照大権現」になったことですね。家康は遺言で私が死んだら一年後に日光にお堂を建てて祀れ、と申し置いた。その遺命は果たされ、お堂は朝廷との交渉を経て「東照社」、次いで「東照宮」になった。家康は「東照大権現」として東照宮に鎮座しているのです。そして東照大権現の本地仏は東方の仏、薬師如来。つまり、家康は薬師如来であり十二神将に守られてしかるべし、となる。

ここでどうしても、南光坊天海という僧侶に思いを致さざるを得なくなります。ぼくも悪ノリしてテレビ番組では「江戸の町を思想的に設計した人」などと言っていますが、これはもちろん、物語の世界での話。天海についてのしっかりした資料はありません。

はっきりしているのは、天海が川越《かわごえ》の喜多院《きたいん》の住持《じゅうじ》だった時に、江戸の家康と出会ったこと。その後に家康の帰依を受け、側近くに仕えたこと。家康が亡くなる時に近侍《きんじ》した三人のうちの一人だったこと（他は禅僧の金地院崇伝と本多正純）、くらいです。出自は定かではないし、川越に居住していた（京都など中央ではない）ということは、天台宗のスーパーエリートではなかった。

家康の生前は天海よりも崇伝の発言力が重かった、というのは先学が指摘するところです。となると、家康の死後に逆転が起きている。家康を「明神」として祀ることを説いた崇伝の主張が退《しりぞ》けられ、天海が説いた「権現」が採用された。このことが明示するように、幕府内での天海の発言力は、崇伝のそれを凌駕するようになったのです。東照大権現の本地仏は薬師如来、というのも、天海が強調した山王一実神道という思想に由来します。

そこで、推測してみたい。家康がなぜ「日光」にピンを刺したのか。以前にも指摘している通り、家康はさほど日光とは縁がなかった。『吾妻鏡』を読んでいた家康が「箱根」を意識するならまだ理解できますが、なぜ堂を建てる地が「日光」なのか。

日光は平安の昔から、修験の聖地であり、天台宗の拠点でした。それを、家康は天海から教えられた。東国（西国に比して後進地域だった）の発展、ひいては日本列島全体の発展を願っていた家康は、天海の説く「日光」を重く受け止めた。だから「日光に堂を建て、祀れ」と遺命した。

でも、堂は崇伝の日記によれば、あくまでも「小き堂」だったのです。それ以上のことは言っていない。でも日光に大きく目も眩《くら》むような堂を建て、久能山から遺体も移した（実は移してない説もあり）。これは天海が主導した措置だったのでしょう。とすると、なぜ天海は日光にこだわった？　という疑問が出てくる。

会津西街道沿いの名湯・湯西川温泉

浅草《あさくさ》から東武特急に乗って下今市《しもいまいち》・新藤原《しんふじわら》で乗り換え、全行程3時間ほどで湯西川温泉《ゆにしがわおんせん》駅に着く。さらに山道を西に10キロメートルあまり進むと、昔からの温泉地が現れる(写真)。ここは平家《へいけ》の落人《おちうど》伝説があり、武士たちが源平の戦いで負った傷を湯に浸《つ》かって治療したという。温泉の名にもなっている湯西川は利根川《とねがわ》水系。湯西川ダムが造られ、人造湖である湯西川湖がある。春から秋にかけて、水陸両用バスによるダム湖クルーズと、ダムの見学を行うツアーが運行されており、子供に人気がある。

そのヒントは、当時の奥州の中心地・会津、かもしれません。日光と会津は現在、国道一二一号でつながっていて、その線に沿うように、今市《いまいち》から会津田島《あいづたじま》までは東武鉄道の特急が、会津田島から会津若松《あいづわかまつ》へは会津鉄道が走り、日光から会津まで、三時間ほどで移動できます。このルートは会津を領した保科正之《ほしなまさゆき》が本格的に整備した道で、会《あい》津西街道《づにしかいどう》、南山通《みなみやまどお》りなどと呼ばれましたが、古くから、軍馬などの通行に利用されていました。その会津には、かつて天台宗の開基・最澄《さいちょう》と「三一権実諍論《さんいちごんじつのそうろん》」を繰り広げた徳一《とくいつ》が住していましたし、何より、天海は会津を治めていた蘆名《あしな》氏ゆかりの人との説（明治・大正のジャーナリスト須藤南翠《すどうなんすい》が資料を整理し主張した）が強いのです。

もちろん天海ほどの僧侶が、我が田だけに水を引けとばかりに、自身の縁故の土地・会津の振興を目論んでいたとは思えません。家康の東国重視の思想に共鳴した彼は、よく地理を知り、もともと天台系の宗教的重要拠点であったとの理由で日光を選択。家康を祀る聖地とした。それが基本ではないでしょうか。

四天王・本多忠勝①～何度も家康を救った勇将

ここからは、家康の家臣たち、そして家康が彼らをどう扱ったかを見ていきます。まずは、家康を支えた徳川四天王から。徳川四天王の筆頭格と言えば、本多忠勝です。彼の生涯を見てみましょう。

忠勝は一五四八（天文一七）年、本多忠高《ただたか》の長男として、現在の愛知県岡崎市内で生まれました。家康よりも六歳年下ということになります。本多家は三河松平家のもっとも古くからの家臣とされる、「安祥譜代」七家のひとつです。

祖父の忠豊《ただとよ》、父の忠高は、戦《いくさ》に出て討ち死にを遂げています。父が亡くなった時、鍋《なべ》之助《のすけ》（のちの忠勝）は二歳でした。彼は父の弟である忠真《ただざね》に育てられました。忠真は忠勝が元服すると補佐役となって活躍し、三方ヶ原の戦いで戦死を遂げています。当時の本多家は小さな家だったでしょうが、「家督」の考え方があったのですね。甥を守り育て、家を存続させた忠真さん、立派な武士です。

鍋之助は幼い頃から松平元康《もとやす》（のちの徳川家康）に仕えました。一五六〇（永禄三）年、一三歳で元服し、初陣を飾ります。桶狭間の戦いののちに家康が独立すると、忠勝は三河平定戦に従軍。三河一向一揆では、本多一族を含む家康家臣の多くが一向宗《いっこうしゅう》（浄土真宗）側に回りましたが、忠勝は浄土宗に改宗し、家康のもとで戦います。一五六六（永禄九）年、一九歳の時、家康直属の即応兵力である旗本先手役《はたもとせんてやく》に抜擢され、以後、忠勝は旗本部隊の一方の将として武功を挙げ続けました。

一五七〇（元亀元）年には、織田・徳川連合軍と朝倉・浅井連合軍が激突した姉川《あねがわ》の戦いに参加。朝倉軍一万に対して単騎で突撃します。家康の本軍は忠勝を討たすまいと、彼を追いかけ必死に攻撃をかけ、それが朝倉軍の撃破につながりました。この戦いにおいて、忠勝は朝倉軍の豪傑・真柄十郎左衛門《まがらじゆうろうざえもん》（直隆《なおたか》）と一騎打ちを行ったと言われますが、二メートルを優に超える「太郎太刀《たろうたち》」を振り回すこの豪傑を討ち取ったのは、向坂《さきざか》三兄弟（式部《しきぶ》・六郎五郎吉政《ろくろうごろうよしまさ》・六郎二郎《ろくろうじろう》）、もしくは青木《あおき》所右衛門（一重《かずしげ》）であると記録にあります。

一五七二（元亀三）年、徳川領は武田信玄の大攻勢に遭います。家康以下が威力偵察に出たところ、運悪く武田の本軍と遭遇。一言坂《ひとことざか》の戦いになりますが、防戦いっぽうのなかで殿《しんがり》（最後尾で敵を迎え撃つ役割）を務めて家康を逃がし、自らも退却に成功しました。彼の奮戦ぶりは武田軍からも「家康に過ぎたるものが二つあり　唐《から》の頭《かしら》（兜を指す）に本多平八《へいはち》」と称賛されました。

本能寺の変が起きた時、家康はわずかな供回《ともまわ》りと共に、堺を見物していました。随行していた忠勝は家康を守り抜き、家康の生涯で一番危険だったとされる「神君伊賀越《しんくんいがご》え」を成功に導きました。なお同じ本多一族で、三河一向一揆に際して一揆側に走った本多正信は、この時に徳川家に帰参《きさん》したと言います。

小牧・長久手の戦いでは、池田恒興《いけだつねおき》ら羽柴軍別動隊を殲滅《せんめつ》するために出陣した家康の本隊には加わらず、小牧山《こまきやま》城の守備についていました。すると、秀吉率いる大軍が城から出た家康を捕捉しようと動いているとの報告を受けます。忠勝はわずか五〇〇人を率いて小牧を出て、秀吉の大軍の五〇〇メートル前に立ちはだかりました。これに意表を突かれた羽柴軍は進軍を停止。この間に、恒興らを討ち取った家康は、すばやく小牧山城に帰着。

本多忠勝の妻子

忠勝の妻は2人知られている。1人は松下《まつした》弥一《やいち》という武士の娘で乙女《おとめ》の方《かた》。彼女と忠勝は幼なじみで、忠勝が家康の旗本として頭角を現した時に夫婦になっている。もう1人が阿知和玄鉄《あちわげんてつ》の娘、於久《おひさ》の方《かた》。阿知和氏は松平の一族で、こちらのほうが家格は高く、正室となった。真田信幸の妻・小松姫《こまつひめ》の母は、普通は於久の方とされるが、乙女の方とする資料もある。また忠勝が桑名に移った時、乙女の方は桑名に赴き、於久の方は大多喜に残った。忠勝の男子は忠政、忠朝《ただとも》共に於久の方の子と言うが、実は忠朝のみが於久の実子かもしれない。写真は、本多忠勝像(東京大学史料編纂所所蔵模写)。

小牧・長久手の戦いは、戦場に限定した戦いにおいては、家康が大きくポイントを稼ぐことになりました。

一五九〇（天正一八）年、秀吉に命じられて、家康は関東に移封されることになりました。この時、忠勝は、上総国夷隅《いすみ》郡の大多喜《おおたき》城を拠点として一〇万石を与えられました。里見《さとみ》氏への抑えです。里見氏は、当時は館山《たてやま》城を本拠に、安房《あわ》一国（現・千葉県南部）一〇万石ほどでしたが、すこし前には上総全域と下総南部、安房を加えると五〇万石級の有力な戦国大名でした。里見氏と誼《よしみ》を通じる国人《こくじん》も多く、忠勝はそうした武士たちの鎮定も、役割として課せられていたのです。

関ヶ原の戦いでは、軍目付《いくさめつけ》として戦場を疾駆し、東軍の勝利に貢献しました。また毛利家との交渉も井伊直政と協力して行っています。これらの功績により、「十楽《じゅうらく》の津《つ》」と呼ばれるほど商業都市として発展していた桑名を与えられました。石高は変わらず一〇万石。これは本多家の本隊が中山道を進んだ徳川秀忠の指揮下にあったために、まったく戦闘に加わっていないからです。ただし、元の領地である大多喜一〇万石は、半分の五万石を忠勝の次男・忠朝に与えられているため、本多家としては五万石の加増になっているとも取れますね。

忠勝は桑名に移ると、桑名城や城下町の整備を行い、東海道宿場としての基礎を固めました。そのため、地元では桑名藩創設の名君と仰がれているそうです。一六〇九（慶長一四）年に長男の忠政《ただまさ》に家督を譲り隠居。翌年に桑名で死去しました。享年六三。

四天王・本多忠勝②～単なる軍事指揮官に非ず

羽柴秀吉と徳川家康が対戦した小牧・長久手の戦いにおいて、本多忠勝と加藤清正が一騎打ちを行ったという伝承があり、その様子を描いた浮世絵《うきよえ》があります。楊洲周延《ようしゅうちかのぶ》が描く「小牧役《こまきのえき》　加藤清正《かとうきよまさ》　本多忠勝《ほんだただかつ》」錦絵三枚続《にしきえさんまいつづき》・一八九八（明治三一）年作。木版画が二〇二二年一一月にオークションに出品されていて、五万六五一〇円で落札されているようです。案外安いですね。本書のために落としておけばよかったかな。

画面右手側に加藤清正、画面中央が本多忠勝。これはあくまでファンタジーですが、二人の一騎打ちはなかなか決着がつかず、最終的には槍を手放しての組み打ちになりました。

ついに清正が忠勝を組み伏せた時、馬を駆《か》って出る者があり、「それまで！」と叫びました。それは清正の主君・羽柴秀吉でした。秀吉は、忠勝ほどの剛《ごう》の者を討つのは惜しいと考え、自身への従属を命じます。忠勝は秀吉の言葉をかたじけなしとするも、家康のもとを離れることはできないと誘いを断り、自分は討たれた身であるからと、首の代わりとなる兜を清正に差し出し去っていきました。

ちなみに忠勝の兜は「鹿角脇立兜《かづのわきだてかぶと》」で、鹿の角は本物ではなく、和紙を何枚も貼り合わせて黒漆《くろうるし》で固めて作られています。また鎧の上には、自らが討った敵を弔うために、肩から脇にかけて大数珠《おおじゅず》を下げています。この甲冑《かっちゅう》は今に伝わっていますので、兜を清正に渡したというのはフィクションとすぐにわかる。

前項で、小牧・長久手の戦いにおいて、忠勝は五〇〇の兵を率い、秀吉の大軍の前に立ちはだかった、と書きました。関東移封前の徳川家臣団の知行はよくわかりません。ですので、五〇〇が忠勝の率いる兵として適切かどうかもわからない。もし五〇〇が当時の本多家の兵力とすると、忠勝の知行は二万石くらい。まあ、さほどの違和感はありません。

また、現代の軍隊では中隊が兵二〇〇程度。兵に先んじて将校が突出することに効果がある(部隊の士気が高まる)のが、中隊長まで、ということのようです。

こう見ていくと、家康が小牧山城まで帰還する（池田恒興らの別動隊を殲滅して急ぎ戻ってくる）ための時間を稼ぎたい忠勝が、あえて単騎で秀吉軍の前に現れることは、あったのかもしれません。忠勝の胆力は人並み外れていたのでしょう。

ただし、ゲームでよくあるように、忠勝が常に一騎駆けをしていたイメージ、これはまちがっています。繰り返しますが、近代戦で、隊長が自ら戦闘に加わって意味があるのは、中隊長クラスまで。兵二〇〇ならば「隊長が戦っているぞ！」と奮《ふる》い立ちますが、それ以上になると、そもそも生声での下知《げじ》（命令）は聞こえないでしょうから、突出した隊長の指揮下、集団戦を有効に戦えるように思えません。やはり大隊長クラス以上は、後方に控え、全体の指揮を執るべきなのです。

こう考えてみると、大軍を率いる武将は、いわゆる「戦《いくさ》バカ」では務まらないのではないか、という疑念が出てきます。一番良い例が福島正則。彼はドラマでもマンガでも気が荒い、考えなしの猪《いのしし》武者《むしゃ》として描かれることが多い。いや、それでは連隊長・旅団長は務まらないでしょう。前章で述べたように、特に秀吉はデスクワークを重視した。同じ「賤ヶ岳の七本槍」出身でも、槍働きだけだと脇坂安治のように三万石どまり。加藤清正や正則は軍事以外の才もあるから出世した。いや、軍事自体が、ぼくが事《こと》あるごとに指摘しているように、政治や経済と密接に結びついている。

この見方を延長していくと、本多忠勝や榊原康政が、関ヶ原の戦い以降に「拗《す》ねた」という解釈には疑問を持たざるを得なくなります。よく言いますね。関ヶ原の戦いが終わると、もう戦争はなくなるので、「軍事」の武将はいらなくなった。幕府で重んじられるのは、「政治」の武将であった。そのために、忠勝・康政は「拙者らはもう用済みです」とひねくれた、という説明がしばしばなされます。

いや、軍事は政治行為とまったく別物《べつもの》、ではありえません。信長も秀吉も家康も、政治・経済の手腕があったからこそ、大軍を有効に動かせた。現場一本槍の豪傑、戦バカに務まるのは、せいぜい中隊長までじゃないかなあ。

これは『天下人の軍事革新』にも書きましたが、関ヶ原の戦いは家康が勝つべくして勝った戦いでした。何しろ、家康は戦場にお坊さん（天海）と女性（お梶《かじ》の方《かた》）を帯同しています。天海はまだしも、女性を連れてくるって同伴出勤じゃないんだから……。家康は負けるつもりがなかったのでしょうね。

本多忠勝と加藤清正

この浮世絵を描いたのは、江戸時代末期から明治時代にかけて活動した楊洲周延。生まれ故郷の高田《たかだ》藩(現・新潟県上越《じょうえつ》市)の藩士が結成した神木隊《しんぼくたい》に属して戊辰《ぼしん》戦争に幕府側で参戦するなどしたあと、明治を代表する人気浮世絵師の1人となった。武者絵《むしゃえ》や西南戦争もの、また江戸城大奥《おおおく》を舞台とした美人画などで人気を博した。楊洲周延・作「小牧役 加藤清正 本多忠勝」(刀剣ワールド財団所蔵)。

それは家康が、関ヶ原以前に文書攻勢をかけて、西軍の諸将を骨抜きにしていたから。毛利秀元《ひでもと》が戦わなかった、小早川秀秋《こばやかわひであき》が裏切った、というのは有名ですが、西軍で戦ったのは石田三成と宇喜多秀家と小西行長と大谷吉継《おおたによしつぐ》くらい。これじゃあ、西軍は勝てません。それを実現するための文書による攻勢。ここに、忠勝はがっちり関与している。忠勝は井伊直政と組んで、家康の文書を発給しているのです。これが政治行動でなくて、何であるか。本多忠勝は優秀な軍事指揮官であると共に、立派な政治家だったのです。

四天王・榊原康政①～軍事も政治もできる武将

本項では本多忠勝と並ぶ、徳川四天王の猛将・榊原康政について考察します。

榊原氏は三河・仁木《にっき》氏の一族と自称します。あくまで自称なので、正直どこまで信用できるのかわかりません。特に康政の系統は松平氏の家臣であった酒井忠尚に仕える家柄でしたから、まったく目立つ存在ではありませんでした。

康政は一五四八（天文一七）年、そうした榊原の家に、三河国上野郷《うえのごう》（現・愛知県豊田《とよた》市上郷町《かみごうちょう》）において生を受けます。家康より六歳年少ということになりますね。幼い頃から書を好み、能筆家だったと言います。一三歳の時、松平元康（家康）に見いだされて小姓となりますが、ここが大事。康政は、家康に近侍する家の少年ではなかった。彼を選択したのは、あくまで家康個人だったのです。

三河一向一揆との戦いで初陣。一六歳で、元服前です。小姓として童形《どうぎょう》のまま戦ったのでしょうか。ありえないことではありません。この時、家康から武功を賞されて「康」

の字を与えられたと言いますが、やがて元服する日のために「康」の字を名乗る権利を頂戴したのでしょう。また、兄を差し置いて家督を相続したようですが、そのことが問題になるほどの家ではなかったと思われます。

一五六六（永禄九）年、一九歳でいよいよ元服。「康政」を名乗ります。同い年の本多忠勝と共に旗本先手役に任じられ、五〇騎の部下がつけられます。小田原の北条氏や北関東の結城《ゆうき》氏の軍役を参照すると、馬に乗る武士に三人ほどの歩兵がつきますので、康政は全体で二〇〇人ほどを率いたのでしょうか。中隊規模ですね。

このあと、家康の何度もの戦いに常に参加し、手柄を立てました。率いる兵は次第に多くなったでしょうから、兵を指揮する術《すべ》を学びながら、それに熟達していったのでしょう。指揮官としての働きが際立ったのが、羽柴秀吉との合戦、小牧・長久手の戦いです。この戦いにおいて、康政は秀吉の別動隊を素早く叩きました。それにより、秀吉の甥・秀次の軍勢はほぼ壊滅。池田恒興、森長可《もりながよし》を討ち取りました。

家康と秀吉が和睦すると京都への使者を務めます。一五八六（天正一四）年、家康と共に上洛。秀吉に臣従した家康は正三位《しょうさんみ》に叙せられ、康政も従五位下式部大輔《じゅごいげしきぶのたいふ》が与えられ、豊臣姓を下賜《かし》されました。要するに、家康の股肱《ここう》の臣として広く認められたということです。

一五九〇(天正一八)年の小田原征伐では、徳川軍の先鋒を務めました。同年、家康が関八州に移封されると上野国《こうずけ》(現・群馬県)の館林《たてばやし》城に入り、家臣中第二位の一〇万石を与えられています。一位は上野・箕輪《みのわ》一二万石の井伊直政で、二位タイが上総・大多喜一〇万石の本多忠勝です。しかしなぜ館林? それまでに栄えた歴史のない土地に康政が入ったのは、おそらく宇都宮氏《うつのみや》(下野・宇都宮一八万石)に備えてのことでしょう。康政は新しい城下町を見事に築きました。軍事も政治もできる。それが康政でした。

一五九九(慶長四)年、五大老の一人、宇喜多秀家の家中で家臣内に激しい対立が起こりました。この内紛を収拾するために派遣されたのが、越前・敦賀《つるが》城主の大谷吉継と榊原康政でした。吉継が関ヶ原の戦いのすぐ前まで家康と親しかったのは、有名な話です。この二人を派遣した家康は、宇喜多家のためと言いながら、内部からの崩壊を画策したのかもしれません。結果的には宇喜多詮家《あきいえ》(のちに千姫《せんひめ》救出で活躍する坂崎直盛《さかざきなおもり》)・戸川達安《とがわみちやす》・岡貞綱《おかさだつな》・花房正成《はなぶさまさなり》・花房職秀《もとひで》らが浪人し、やがて徳川の家臣となりました。歴戦の重臣をごっそり引き抜かれ、宇喜多家の軍事力は大幅に低下しました。康政は、家康の期待にしっかりと応《こた》えたのです。

関ヶ原の戦いにおいては、徳川家主力の東山道軍に軍監《ぐんかん》として従軍しました。大将の徳川秀忠は信濃・上田《うえだ》城の真田昌幸を攻めてしまい、関ヶ原での決戦に遅参しました。関ヶ原の戦いは一連の流れのなかで戦端が開かれていて、家康は東山道軍を待とうとすればできたはずだとぼくは考えています。ですから、家康が秀忠の遅刻に激怒した、というのは

榊原康政

萌葱《もえぎ》地《じ》雲文《うんもん》の具足《ぐそく》下着、前胴《ぜんどう》には這《はい》龍《りゅう》、草摺《くさずり》には立波文《たつなみもん》を描いた素懸《すがけ》威《おどし》の具足を着ている。兜は筋兜《すじかぶと》で、三鈷剣《さんこけん》の前立《まえだて》をつけている。この絵の本物（重要文化財）を所蔵している東京国立博物館には、康政所用の黒《くろ》糸威《いとおどし》二枚胴具足（重要文化財）も伝えられているが、絵の具足は袖があるなど、それとは異なるもののようだ。榊原康政像（東京大学史料編纂所所蔵模写）。

演出だったと思います。ですので、秀忠の後継者としての資格に疑義が生じたとか、康政がそれを取りなしたとか、秀忠が康政に感謝したとか、そのあたりの話は信じるに足らないのではないか、というのがぼくの解釈です。

しかし、史実として、康政には加増の話はなし。所領は館林一〇万石のままでした。このことから、よく「天下人になった家康は武功派を遠ざけた」、またそうした処置について「康政はたいそう憤慨していた」などと言われますが、これも取るに足らない話だと思っています。それについては次項で述べます。

一六〇六（慶長一一）年五月、病のため館林で死去。五九歳でした。家督は三男の康勝《やすかつ》が継ぎました。子孫は姫路城主などを務め、越後・高田《たかだ》城主（現・新潟県上越市）として明治維新を迎えています。

四天王・榊原康政②〜関ヶ原の戦い後は不満⁉

榊原康政の人生を追いかけてみてわかったことは、まず康政が門閥、重臣の家の出身ではないということです。三河一国すら平定していない松平家（のち徳川家）で門閥などとは大げさな言いようですが、世襲の力は働いていなくて、康政自身の奮闘がまずあり、それを家康が認めた。だから康政は立身できた、ということになります。

家康は織田信長を直《じか》に模倣した、とまでは言えないかもしれませんが、信長の人事を参考に、才能のある人物を抜擢することで徳川家臣団を作り上げていった、とぼくは考えています。巷間言われる、人質生活を送っていた若き日の家康の帰還を切望した忠誠無比な三河家臣団が確固としてある。独立後の家康は、そこに主君としてすっぽり納まる。そういうイメージは誤っています。家康は自身の眼力と判断にもとづいて、彼自らの家臣団を形成していった。その一例が康政だった、と解釈しているのです。

もうひとつ。今「才能のある人物」と言いましたが、才能の主軸には、やはり軍事があると考えるべきでしょう。康政はまずは槍働きで家康に認められた。けれども、単なる勇士ではダメ。それでは軍功を挙げるのに限界がある。オレに続け、と個人的な武勇を発揮して敵をなぎ倒すのが有効なのは、従える兵二〇〇ほどの中隊長まで。それ以上の兵を統率するようになればなるほど、広い視野、洞察力、戦略眼が必要になる。これらは皆、政務を遂行するにも必要な能力ですから、優秀な軍事指揮官は、有能な行政官にもなり得るのです。康政はまさにこれ。家康の親衛隊長から、徳川軍になくてはならぬ指揮官となった。「武士」から「武将」になったのです（あ、このフレーズいいな。これからも使おう）。家康がその地位を与えたのは、康政が他の武士よりもさまざまな場面で有能だったから、ということでしょう。

さらにもう一段、掘り下げてみましょう。今「武将になった」と言いましたが、武将として認められるには、槍働きに従事する、武士ルートしかないのでしょうか？　豊臣家においては、すでに石田三成とか長束正家とか、敵と相対しては役に立ちそうもない能吏的な武将が幅を利《き》かせていました。彼らは合戦になると、現代的に言う「ロジ」、補給（ミリタリー・ロジスティクス）の局面でがんばっていた。秀吉の軍事は新しいのです。

ところが、この点に関しては徳川家は旧態依然としていて、武将になるには、個人的な武力が必須だったようです。もちろん戦争がなくなると槍働きの機会もなくなるので、たとえば「知恵伊豆《ちえいず》」こと松平信綱《のぶつな》のように政治手腕のある譜代大名が昇進するルートができていきますが、家康の頃は槍働きの実績のない武士は、どんなに他の能力に秀でていても武将、すなわち軍勢を率いる立場になれない。

これは言葉を換えるなら、多くの軍勢を養うための領地は与えられない、ということになります。家康のブレーンであった本多正信も、抜群の財政官僚であった松平正綱《まさつな》（信綱の養父）も、領地はわずかに二万石ほど。のちの時代、第六代将軍・家宣のもとで幕政を動かした新井白石《あらいはくせき》が一〇〇〇石しか与えられなかったことにも、すべては槍働きから、という伝統が作用していたのではないでしょうか（もっとも、同時期、芸能畑出身の間部詮房《まなべあきふさ》は五万石もらっていますが）。

こうしたことを考えると、関ヶ原の戦いのあと、幕府の政治に関与できないからと、康政が不満たらたらだったというのは、考えにくいですね。当時の価値観では、広い領地（譜代大名中で、です）をしっかりと治め、いざ外様勢力が攻めてきたら拠点に籠もって徳川の世を防衛する働きをすることが、譜代大名の第一の、誇りある職務なのです。私たちの感覚で、行政に携《たずさ》わることが何にも増《ま》して重要、と考えてはおかしなことになる。

藤田信吉《ふじたのぶよし》という人物がいます。元は武蔵の有力領主でしたが、北条氏に圧《お》されて、上杉の家来になりました。戦上手《いくさじょうず》で、上杉家が会津に移ると一万五〇〇〇石を与えられています。徳川家康が、上杉に叛意《はんい》あり、と言い出した時には、すぐに家康のもとに出頭して必死に弁明しますが、かえって上杉家の家宰《かさい》である直江兼続《なおえかねつぐ》に裏切り者扱いを受け、京都の大徳寺《だいとくじ》に入って出家しました。けれども関ヶ原の戦いのあと、家康は彼を高く評価。徳川の直臣とし、下野・西方《にしかた》（現・栃木市）で一万五〇〇〇石を与えました。

大坂の陣が始まると、家康は信吉に、榊原康勝の補佐を命じました。康勝は、前述のように康政の後継者で、冬の陣当時二五歳。もちろん、榊原勢の司令官としてははじめての戦いに臨《のぞ》んだのでした。康勝は冬の陣ではなんとか役目を全うしましたが、夏の陣では大坂方の猛攻を受け、配下の兵に大損害を出してしまいました。そのうえ、年来の腫《は》れ物《もの》が破れて大出血、夏の陣の二〇日後、京都で死去してしまいます。この報に接した家康は激怒。信吉の所領をすべて奪い、信濃の奈良井《ならい》宿での謹慎を命じます。翌年、信吉は同地で五七歳で亡くなりますが、自害とする説が有力です。家康が亡くなっても幕府が謹慎を解いてくれなかったため、前途を悲観したのでしょうか。ありそうな話です。

家康の信吉に対する対応、ひどくありませんか。康勝の死去は信吉のせいではない。元気な頃の家康だったら、こんな措置は取らなかっただろう。でも、同時にそこには、家康の康勝への愛が見えるような気がします。

藤田信吉が没した奈良井宿

かつて、あるアナウンサーが「旧中山道」を「1日中山道《いちにちじゆうやまみち》」と読んだというが、中山道六十九次の34番目の宿場が奈良井宿である。現在の長野県塩尻《しおじり》市奈良井に位置する。発音は「な」にアクセントを置いて読む。「奈良井千軒」と言われ、多くの旅人で栄えた。1843(天保《てんぽう》14)年の『中山道宿村大概帳《なかせんどうしゆくそんたいがいちよう》』によれば、家数は409軒、うち本陣《ほんじん》1軒・脇本陣《わきほんじん》1軒・旅籠《はたご》5軒で、宿内人口は2155人であった。現在は重要伝統的建造物群保存地区として、当時の街並みが保存されている(写真)。なお、藤田信吉はこの宿場で亡くなったが、墓は奈良井ではなく、栃木県の西方にある。

長い長い期間、苦楽を共にした榊原康政。その康政の子は、家康にとってはとても大切な存在だったのでしょう。家康と康政の間に密なる交流があったからこそ、信吉へのこんな理不尽とも言える処罰があった。そう考えると、康政が晩年、不遇を託《かこ》っていたとか、家康に不満を持っていたとか、ぼくには俄《にわ》かには納得ができません。

四天王・井伊直政①〜譜代・軍事大名の典型

続いては徳川四天王の三人目、井伊直政です。幼名は虎松《とらまつ》。一五六一（永禄四）年、東海地方の戦国大名・今川氏の家臣である井伊直親《なおちか》の子として、遠江国井伊谷《いいのや》（現・静岡県浜松市北区《きた》引佐町《いなさ》）近郊で生まれました。その前年の桶狭間の戦いで、当時の井伊家の当主・直盛《なおもり》が戦死しています。直盛は直親のいとこで養父。そのため、井伊家は直親が継ぐのですが、彼は今川氏真に謀反を疑われ、殺されてしまいます。時に虎松、わずか二歳。

苛酷な戦国時代ですので、二歳児に当主が務まるはずがない。そこで例の「女城主・井伊直虎《なおとら》」の登場と相成《あいな》りますが、さすがに直虎を女性と解釈するのは筋が良くない。普通に男性でしょう。ぼくは、まだ青年と言うべき年齢だった直虎は、一五七二（元亀三）年に展開された武田信玄の遠江侵攻（信玄最後の西上《せいじょう》作戦というヤツです）を受けて討ち死にしているのではないかなあ、と推測しています。まあ、それは別の話。その後、井伊家の人々は耐え忍び、虎松を徳川家康のもとに出仕させます。一五七五（天正三）年、虎松は一五歳でした。名を万千代《まんちよ》にあらためています。

一五八二（同一〇）年、二二歳で元服し、直政と名乗りました。同時に抜擢を受けて、家康の旗本部隊の侍大将《さむらいだいしょう》に任じられています。この役はかつて本多忠勝、榊原康政が兵二〇〇ほどを率いて務めたポスト。ここでの働きの善し悪《よあ》しで、槍働きのみの武人で終わるか、昇進して政治や外交もこなす武将になるかが決まります。また忠勝・康政も家康から部下を付与されましたが、直政の部下としては、戦場経験が豊富な武田の旧臣が配属されたようです。この時に武田随一の将であった山県三郎兵衛《さぶろうびようえ》昌景の部隊、「赤備《あかぞな》え」が復活しました。

翌年、家康の養女の花《はな》（のちの唐梅院《とうばいいん》）を妻に迎えました。赤備えと言い、家康からずいぶんと特別扱いを受けている感じがします。その原因として、直政＝万千代は家康の寵童《ちょうどう》だった、という話があります。直政はこのあと、徳川家臣団で随一の立場に駆け上がりますので、寵童説は都合が良いのですが、そうした説明の仕方はあまりに安易かな、と二の足を踏みますね。家康に他にも男色相手がいるならともかく、そんなエピソードはありませんし。ただ、浜松時代、万千代が仕えていた家康には側室がいないのです。子供も生まれてない。もしかすると、万千代がいたから、女性は不要だったのかも？

家康が豊臣秀吉に臣従したあとの一五八八（天正一六）年四月、天皇が秀吉の聚楽第《じゅらくてい》に行幸《ぎょうこう》し、豪華な宴《うたげ》が繰り広げられました。この時に、直政は同僚たちを差し置いて、一人だけ侍従《じじゅう》の官職を与えられました。この時までに徳川家臣中筆頭の地位を固めていたものと考えられます。それを裏づけるように、二年後に家康が関東に移ると、家臣団のなかで最大の所領一二万石を与えられ、上野・箕輪城主になりました。

秀吉が没すると、積極的に豊臣大名たちと交流し、家康の天下取りに貢献しました。特に関ヶ原の戦い前夜には、黒田長政と組んで調略に励み、諸将の裏切り、もしくは戦場での中立不戦の約束を取りつけています。寵童云々《うんぬん》を持ち出さないとすると、直政のこうした才覚は二十代から際立っており、それゆえに家康は抜擢に踏み切った、とすることができそうです。

関ヶ原の戦いでは島津義弘《よしひろ》隊と戦って深手《ふかで》を負いましたが、敗戦した毛利、島津、長《ちょう》宗我部《そかべ》などに頼られ、家康との間を取り持ち、各家の存続に助力しました(なお、長宗我部家は別の要因で取り潰し)。彼自身は石田三成が領していた近江・佐和山城を与えられ、所領も加増されて一八万石に。もちろん、この禄高は徳川家臣団の第一位です。

三成の城・佐和山城に代えて、彦根に新しい城と城下町を築き始めましたが、完成を見ることなく、一六〇二（慶長七）年二月、佐和山城で死去。享年四二。

直政はともかく献身的に家康に奉公しました。それがなぜなのか、まじめな性格だったためか、それとも新参者のくせに抜擢されおって、という周囲の誹謗中傷《ひぼうちゅうしょう》をはねのけるためかはわかりません。ここでも寵童を持ち出すと説明がしやすいのですが、参考にするにとどめましょう。有能で主君思いの直政ですが、彼は家臣たちにも、自分のような苛烈な奉公を求めました。「自分に厳しく、人には優しい」タイプではなく、「自分に厳しく、人にも厳しい」タイプだったのです。あ

井伊直政は「三河岡崎譜代」!?

『柳営秘鑑』によると、井伊家を、榊原氏や鳥居氏と並ぶ「三河岡崎御譜代」として記載している。でも、これは明らかにおかしい。直政が仕えた時の家康は浜松城主なので、『柳営秘鑑』は井伊家に忖度《そんたく》したのだろう。駿府譜代とすべきである。写真は、井伊直政像（東京大学史料編纂所所蔵模写）。

まり良い上司ではありませんね。「自分に甘く、人に厳しい」よりはマシですが。

彼の前に参上する家来は、ミスをすると手討ちになるというので、決死の覚悟をしていたそうです。また実際、直政は家臣を斬り捨てることがあったため、「人斬り兵部《ひようぶ》」（直政の官職は兵部少輔《ひようぶのしようゆう》）と呼ばれたと言います。

話はすこし変わりますが、肥後の細川《ほそかわ》家の家臣はとても行儀が良いので、山城《やましろ》・長岡《ながおか》藩（現・京都府長岡京《ながおかきよう》市）の藩主・永井直清《ながいなおきよ》が、主人の忠興《ただおき》に秘訣を聞きました。すると忠興は「教育の賜物《たまもの》です。ミスをしたら、一度目はよく言って聞かせます。二度目もまたよく説明します。三度目は切ります」と答えました（『名将言行録《めいしようげんこうろく》』）。この「切る」とは解雇する意味かな、見捨てるの意味かな、などと首をひねっていたのですが、直政の話を参照すると、「斬る」かもしれません。武士は怖いな、と思わずにはいられません。

四天王・井伊直政②～後継者たちの明暗

前述の通り、井伊直政は苛烈な人柄で知られていた。当時の主従関係というのは、ずいぶんと厳しいものだったのでしょうね。それを確認したうえで話を進めます。

直政の妻は松平康親《やすちか》の娘・花さんです。康親は本来松井《まつい》氏で、松平一族中の東条松平《とうじょうまつだいら》家の重臣、後見人でした。東条松平家はやがて後継者を失いますが、徳川家康は自身の四男に家を継がせます。彼が松平忠吉《ただよし》で秀忠の同母弟です。忠吉は、直政と花の間に生まれた政子《まさこ》を正室にしています。東条松平—松井松平—井伊直政、という強固なつながりが見えますね。さらに、康親の後継者である康重《やすしげ》には、家康ご落胤説があるのです。

花は、家康の養女として直政に嫁いだ。そのため、直政は花を大切に扱った。直政にはもう一人愛する女性（印具《いんぐ》氏）がいて、男子を産んだのですが、直政は花に遠慮して、母子を居城の高崎《たかさき》城には入れなかったと言います。また、親子の対面がなされたのは、直政が没する前年でした。

なぜかくも、花に気をつかったのか。花が家康の実の娘、というなら納得できますが、養女です。これは何かあるぞ。そう思ったぼくは、康重のご落胤伝説とも絡《から》めて、実は花は家康の寵愛を受けていたのではないか、そしてお梶の方、お梅の方のように、家康は新進気鋭の武将に、自身の寵姫《ちょうき》を下賜したのではないか、と妄想しました。でも冷静に考えると、康重ご落胤伝説とうまく関係性を持たせられませんし、想像が飛躍しすぎたようです。妄想、撤回します。それよりも、家康の養女、という点を重んじ、大切にする。直政はそうした主君第一の人、奉公第一の人だったと考えるべきなのでしょう。

直政は一六〇二（慶長七）年二月、彦根城の築城途中に佐和山城で没しました。享年四二。関ヶ原の戦いで受けた傷が元だった、という記述をよく見るのですが、まる一年以上経っています。その傷が癒《い》えずに亡くなるものなのかなあ。今度お医者さんに聞いてみましょう。

問題は後継者で、彦根藩の藩主です。候補の男子は二人。二人とも一五九〇（天正一八）年二月生まれ。どちらが兄かはよくわかりません。一人は正室・花の産んだ直勝《なおかつ》。もう一人は側室・印具氏が産んだ直孝。もちろん直勝が跡を継いだのですが、彼の器量は家康、秀忠を納得させるものではなかった。彦根防衛の任に堪えず、と失格の烙印《らくいん》を押されたのです。そのため大坂の陣が始まると、直孝があらためて家督を相続することになりました。

直政は、関ヶ原の戦いのあとに石田三成の佐和山城を与えられ、石高も一八万石に加増されていました。このうち三万石を分けて、直勝は上野・安中《あんなか》藩主となります。残り一五万石が井伊直孝の領地となりました。注目すべきはこの時に、井伊谷以来の家来たちは皆、直勝に付いて安中に行ったことです。彦根に残ったのは、直政が徳川家に出仕したあとに家臣とした、武田旧臣らを主力とするメンバーでした。

徳川家が関東に移った時に、どうして直政が一番大きな領地を与えられたか。その答えとして、井伊家は遠江の国人で、言わば徳川家と対等だった。血筋が良いのだ、という説明がされることがあります。でも実際には、彦根の井伊家は、遠江・井伊谷の井伊家とは別物になっているわけです。そうなると、やはり直政という人物の器量と努力が、家康に認められたのだ、と解釈したほうがよさそうです。

直孝は大坂の陣で目覚ましい働きを見

井伊直孝

1590〜1659年。幼名は弁之助《べんのすけ》。父の直政の死後、江戸で徳川秀忠の近習として仕え書院番頭《しょいんばんとう》、大番頭《おおばんとう》に任じられる。1615(慶長20)年、家督相続。秀忠に昵懇《じっこん》の者が嫡男をさしおいて家を継いだ例は、最上家でも見られる。大坂夏の陣では藤堂高虎と共に先鋒を務め、功績を挙げる。家光の時代には、大老《たいろう》を務めた。座右の銘は「油断大敵」。写真は、井伊直孝像(東京大学史料編纂所所蔵模写)。

せ、五万石を加増されます。その後も二度にわたり五万石ずつを加増され、彦根藩は三〇万石の大藩《たいはん》になります。さらに、第二章で触れたように、幕府領の米を五万俵預かり、格式は三五万石を誇ることになりました。

徳川家は、譜代大名に簡単には領地を与えません。それなのに、この特別待遇は何でしょう。もちろん井伊直孝という人は優秀だったのでしょう。でも、それに加えて、西国への備え、がありました。もし、西国の大名で徳川に刃向《はむ》かう者あれば、「徳川の一番手は井伊、二番手は藤堂」「そして、尾張徳川がバックアップ」して、叩き潰す。

こう考えると、井伊家というのは、家康にとって、軍事優先大名のプロトタイプだったのではないでしょうか。直政が、というよりも、家康が自ら作り上げた家臣団。それを統率する家康に、このうえなく忠実な家臣・直政。だから、この家の後継者は、優秀な直孝でなくてはならなかったのでしょう。

ちなみに、病弱を理由に安中に左遷された直勝は直孝よりも長生きし、七三歳で亡くなっています。また花（唐梅院）は直勝に付いて安中に移り、同地で没しました。お墓は同地の大泉寺《だいせんじ》にあります。

四天王・酒井忠次①〜二つの酒井家

徳川四天王の最後は同筆頭、つまりは徳川家臣団の随一、酒井忠次について見ていきましょう。

家康の生母・お大の方の母、すなわち家康の祖母は華陽院《けよういん》です。出自は諸説ありますが、一四九二（明応《めいおう》元）年に生まれ、三河・刈谷《かりや》城主の水野忠政《みずのただまさ》に嫁いで、お大の方らを産みました。華陽院は相当の美貌の持ち主だったらしく、近隣の岡崎城主である松平清康《きよやす》に和睦の条件として奪われたと言われます。

清康と華陽院の間には女の子が生まれました。この子が酒井忠次に嫁ぎます。これが本当ならば、忠次は血はつながっていないものの、家康の叔父さんということになるわけです。華陽院は清康の死後、源応尼《げんおうに》と名乗って駿府に住み、やがて人質としてやってきた松平竹千代《たけちよ》（家康）の面倒を見たと言われています。

平野明夫《ひらのあきお》さん（國學院大学講師）は、このあたりの人の年齢を丹念に調べ、清康と華陽院の結婚はありえないと結論づけています。でも、それで決まりと言えるほど、良質な資料は残っていません。ぼくが注目したいのは、九尾《きゅうび》の狐《きつね》伝説です。

中国の古代国家・殷《いん》の紂王《ちゅうおう》は、愛姫《あいき》である妲己《だっき》と暴政の限りを尽くして、周《しゅう》の武王《ぶおう》に討たれました。この妲己の本性は九尾の狐（九本の尾を持つ狐）で、インドにいた時は華《か》陽《よう》夫人を名乗って国を乱したのです。九尾はやがて日本にやってきて、玉藻前《たまものまえ》となって鳥《と》羽《ば》上皇の寵愛を受けましたが、本性が露見しました。三浦介義明《みうらのすけよしあき》と上総介広常の討伐を受け、姿を那須《なす》の殺生石《せっしょうせき》に変えました。南北朝時代まで、殺生石は邪悪な気体を放出していましたが、源翁心昭《げんのうしんしょう》という僧侶によって破壊されました。

この物語は江戸時代に作られたものですが、「華陽院」と「華陽夫人」、「源応尼」と「源翁心昭」の名がかぶるのがどうしても気になります。徳川の世を批判する民衆の精神が、家康の祖母を九尾の狐と関連づけたのでしょうか。なお、彼女の墓は静岡市の華陽院にありますが、境内《けいだい》には三歳で夭折した徳川家康の最後の子、五女の市姫《いちひめ》の墓もあります。

華陽院は大河内《おおこうち》氏の人という説があり、大河内松平家の正綱は幕府草創期に卓越した才腕を発揮した財政官僚で（日光の杉並木を整備した人、知恵伊豆こと松平信綱の養父としても知られる）、市姫の母であるお梶の方を一時期、妻に迎えていました。そのあたりのことが

殺生石が割れた！

九尾の狐こと玉藻前は那須に逃れると、石に姿を変えた。その石からは怨念のようなものが放射され、近づいた鳥や獣《けもの》が命を奪われたため、殺生石と呼ばれるようになった。1385(至徳《しとく》2)年、曹洞宗《そうとうしゆう》の僧侶である源翁心昭(源翁は玄翁とも)が殺生石の怨念を封じ込め、槌《つち》で砕いたという。破片は全国に飛び散り、那須には外周8メートル、高さ2メートル程度の石が残った(写真)。これも殺生石と称していたが、2022年3月に突然、二つに割れた。表面のひびから入った水分の凍結膨張による自然現象だったようだが、ロシアのウクライナ侵攻と絡めて話題にする人もいた。

関係して、市姫の墓が大河内家によって守られているのかもしれません。

では忠次です。彼は一五二七（大永《だいえい》七）年、松平氏の譜代の臣・酒井忠親《ただちか》の次男として生まれました。元服して松平広《ひろ》忠《ただ》（家康の父）に仕え、竹千代（家康）が人質として駿府に赴いた時、随行した家臣のなかでは酒井正親《まさちか》に次ぐ年長者でした。正親は、関係は遠いながら忠次の同族で、江戸時代に老中を輩出したもうひとつの酒井家（本家である忠次の左衛門《さえもんのじょう》尉家《け》に対して、雅楽頭《うたのかみ》家《け》と称する）の当主です。

一五五六（弘治二）年、織田信長の命を受けた柴田勝家が一〇〇〇あまりの兵で尾張・三河の国境の福谷《うきがい》城（現・愛知県みよし市福谷町）に攻め寄せました。この時、城を預かっていたのが忠次でした。彼は松平勢を率いて戦い、勝家を退却させています。戦場での指揮ぶりが優れていたことがうかがえます。

桶狭間の戦いのあと、今川家から独立した家康の家老となりました。一五六三（永禄六）年の三河一向一揆でも、忠次は家康のもとに残りました。翌年には、吉田《よしだ》城（現・愛知県豊橋《とよはし》市）を落として城主となり、東三河の旗頭《はたがしら》として三河東部を任されました。

このあとも、家康の戦いにはすべて部隊長として参加し、戦功を立てました。特筆すべきは、長篠の戦いです。『常山紀談《じようざんきだん》』によると、忠次は合戦前の軍議において、武田本営の後方、鳶《とび》ヶ巣山《すやま》砦の奇襲を提案しました。信長は、皆の前では作戦を嘲笑しましたが、のちに密《ひそ》かに忠次を呼び出し、作戦の実行を命じました。嘲笑は情報の漏洩《ろうえい》を防ぐためだったのです。

忠次はこの命に応え、守備隊を壊滅させて砦を落としました。このため、武田勢は後方を押さえられて退却が困難になり、織田・徳川勢に向け突進しました。ですが、そこには武田勢の前進を阻む馬防柵が設けてあり、鉄砲の集中使用もあって、戦国最強を謳われた武田騎馬隊は惨敗しました。

この戦いでの兵力は織田・徳川三万八〇〇〇、武田一万五〇〇〇と言われます。ぼくが疑問に思ったのは、なぜ武田は遮二無二《しゃにむに》突進したか。すなわち、武田勢が攻め、倍以上の兵を持つ織田・徳川が準備万全で迎え撃つ構図です。兵数が逆ならばあるでしょうが、少数が多勢に向けて突進するのは、おかしくないか？

ですが、そこに鳶ヶ巣山砦の陥落という要素を考慮すると、尻に火がついた武田は前に出るしかなかったわけで、理解が可能になります。武田は河窪信実《かわくぼのぶざね》（信玄の弟。勝頼の叔父）をはじめ、名のある武将に鳶ヶ巣山砦を守らせていました。重視していたのです。その武将たち皆を討ち取り、合戦全体の勝敗を左右する大きな役割を果たした。それが忠次だったのです。

四天王・酒井忠次②～なぜ家康に冷遇されたのか

歴史事象を解釈する時に必要なのは、「順序」だと思います。どの資料が確実性を持ち、どの理解が蓋然性《がいぜんせい》を持つのか。そこをきっちりと踏まえて、確度の高い材料を先に立て、ムリのない推測で史像の解明に挑む。コレが王道。この戦国武将が好きだからとか、皆と違う視点を出して注目を浴びたいとかの「考察者の都合」は後回《あとまわ》しです。このことを再確認して、さて酒井忠次の続きです。

近年、浜松を居城としていた頃の徳川家康は岡崎を任せた長男・信康と激しく対立していた、という説が有力視されています。でも、ぼくは反対です。なぜなら、家康の子づくり、後継者づくりが不自然だからです。

家康は、理由は定かではないのですが、次男の秀康《ひでやす》（結城秀康）を嫌い、認知しようとしませんでした。ですので、彼は除いて考える。三男の秀忠が生まれたのが、一五七九（天正七）年四月七日。同年九月一五日、嫡男の信康は満二〇歳で自害しています。となると、家康はずっと、信康のスペアをもうけるつもりがなかったわけです。浜松時代の家康は言うなれば、女性をもっとも欲する年代だったにもかかわらず。

もしも家康が信康と不和だったら、当然、家康は信康の代わりを考慮するでしょう。それをしていない。ということは、それだけ信康を信頼していたのではないか。ぼくは昔から言われていた通り、織田信長が信康の排除を命じたと考えます。信康の死は、家康にしてみれば痛恨の出来事であった、と。そしてそこに、酒井忠次が関与してくる。

忠次は、他の勢力との交渉役（申次《もうしつぎ》、取次《とりつぎ》）を任されていました。今川領の分け取りの話を武田信玄とまとめたのは忠次ですし、信長との交渉も担っていました。信長は日頃から忠次を評価していたからこそ、長篠の大一番で彼に意見を求めたのでしょう。忠次が吉田城を預かっていて、長篠付近の地理に明るかった、というだけでなく。

細かな経緯は資料によってさまざまですが、忠次は安土城において、信康の動向について、信長から質問を受けました。そこで彼は、信康が武田と通じている点について、認めたとも、否定しなかったとも伝えられています。積極的に、そんなことはありえない！とは陳弁しなかったのです。後述する平岩親吉は、「私の首を差し出すから、信康の切腹を取り消してくれ！」と、家康に懇願した。忠次の態度がそうしたものでなかったことは、まちがいないでしょう。それを受けて、信長は信康の処断を決定した。

ところが、信康切腹のあとも、忠次の立場は変わっていません。彼は徳川の戦いの先頭に立ち、「酒井忠次は家康の第一の家臣」と評価されるにふさわしい働きを示している。家康は信康を始末したかったのだ、と説明する人は、この史実も自説の証拠として取り入れています。でも、ここで、冒頭で示した「順序」を考慮したい。

武士社会の根幹は主従関係です。主人が従者を評価する基準は何か。「御恩《ごおん》と奉公《ほうこう》」の関係が成立していた鎌倉時代からずっと、それは何よりも領地です。おまえは私のために命を懸けて戦ってくれた。その働きに報いるために、おまえにこの土地を与える。

家康が部下たちに「石高」を明示して領地を分配したのは、徳川家が関東に移された、一五九〇（天正一八）年からです。当時はそういう括《くく》りはなかったのですが、忠次の他の「徳川四天王」は、これまで紹介した通り、井伊直政が一二万石、本多忠勝と榊原康政が一〇万石を与えられました。では、徳川家随一の酒井家は？　忠次は一五八八（天正一六）年に隠居して、子息の家次《いえつぐ》の代になっていたのですが、彼は下総・臼井《うすい》（現・千葉県佐倉《さくら》市）で三万七〇〇〇石を与えられているにすぎません。その後、加増の沙汰はないまま、忠次は一五九六（慶長元）年に京都で亡くなりました。享年七〇。

家康が天下人になったあとに、酒井家は加増されて高崎五万石に移ります。それでも、井伊・本多・榊原、さらには鳥居（元忠が伏見城を守って戦死した功で磐城《いわき》平《たいら》［現・福島県いわき市］一〇万石）、平岩にはおよびません。家康が没した一六一六（元和二）年、ようやく越後・高田で一〇万石。信濃・松代を経由して一六二二（元和八）年に出羽・庄内《しょうない》（現・山形県鶴岡《つるおか》市）一三万八〇〇〇石。これ以降は東北支配の要《かなめ》として、豊かな庄内の

酒井忠世

1572〜1636年。血縁関係では本家の忠次・家次とはかなり遠いものの、酒井家の一族であり、忠世《ただよ》の流れは「雅楽頭家」と言われる。徳川秀忠の側近となり、政治面で活躍した。秀忠から領地を与えられ、やがて父の領地（厩橋《まやはし》［現・群馬県前《まえ》橋《ばし》市］3万石あまり）を継ぎ、さらに加増されて12万石を領した。彼の実績が元になり、雅楽頭家は老中や若年寄など幕政の重職を務める家として確立した。写真は、酒井忠世像（東京大学史料編纂所所蔵模写）。

地を動かず、幕末を迎えています。

こうして見ると、家康は「俺の目の黒いうちは」と酒井家に厳しかったような気がしてなりません。逆に言うと、家康が亡くなると直《ただ》ちに、酒井家は譜代の重鎮としての地位を回復しているのです。この史実が、考察の第一にならねばならない。そうすると、家康は心の内では忠次を憎んでいた、と推察する他ないでしょう。理由はやはり信康事件になると思います。では、忠次を用い続けたのはなぜか。

そこにこそ、徳川を見捨てて出奔した数正の石川家を、すぐには取り潰さなかったのと同様に、家康という人の本質を見るべきではないでしょうか。

信康を見殺しにした酒井は憎い。でもすぐに冷遇したら、譜代大名のバランスが保てなくなる。だから、ここは辛抱《しんぼう》だ。忠次が有能（特に軍事的に）であることは周囲も認めている。徳川の発展のために働かせたうえで、機会を見計らって、譜代第一の栄光は剝奪してやろう。家康は感情と理性の葛藤を抱えながら、己《おのれ》の素の思いを押し殺していた。そんなふうに考えてみたいのです。

福島正則被害者の会

家康に仕えた文官を紹介しようと思って調べていたら、妙な次第になりました。題して「福島正則、被害者の会」。

一人目は伊奈昭綱《いなあきつな》（?～一六〇〇年）。民政家として名高い伊奈忠次《ただつぐ》の本家筋。伊奈家は前々から松平に仕えていた、という家柄ではないようです。忠次は三河一向一揆の時に家康に敵対し、帰参後も、信康の自害に際して再び徳川家を出奔しました。こうした動向は、伊奈家が松平＝徳川家の家臣として新参だったから、ということと関連がありそう。

では、伊奈家の出自はどんなものか。昭綱は忠次のいとこ・昭忠《あきただ》の子です。昭忠は一五六六（永禄九）年、足利義昭が清水寺《きよみずでら》で合戦した時に功を立て、義昭より「昭」の字を与えられたと言います。でも、実際にはこの時、義昭は京都におらず、名前も義秋を名乗っていました。この説明には嘘があります。また、昭忠は翌年、美濃国の城攻めで討ち死にしたと言います。彼の主人は織田信長だったのでしょうか。よくわかりません。

とにもかくにも昭綱は家康に仕え、一五九〇（天正一八）年、家康の関東入国と共に二五〇〇石を与えられました。一六〇〇（慶長五）年の会津征伐に際しては、上杉景勝への問罪使《もんざいし》に登用されています。関ヶ原の戦いのあとには、大津と京都の間にある難所・日《ひ》ノ岡《おか》峠の守備を任されました。そこで事件が起こります。

関ヶ原における戦闘ののち、家康は西軍の拠点であった大垣城や石田三成の佐和山城を落としてから、伏見城に入ります。彼が最終的な目標としたのは大坂城に入城し、豊臣秀頼の生殺与奪《せいさつよだつ》の権を握ること。そのためには、大坂城に駐屯する毛利輝元と慎重に話し合い（籠城されたら目も当てられない）、退去させねばならない。交渉は、徳川家臣の本多忠勝と井伊直政が、家康の意向を福島正則と黒田長政に伝え、正則と長政が毛利輝元に文書を送る、という形式で進みました。その段取りを整えるためでしょう、京の東方（大津あたりか？）に駐屯していた正則は、伏見の家康に打ち合わせの使者を派遣したのです。

使者を務めたのは、福島家の家老・佐久間嘉右衛門《さくまかえもん》。彼は日ノ岡峠を通って京に入り、伏見へ向かおうとした。ところが戦後の混乱期ということもあったのでしょう、嘉右衛門は正式な通行証を持っていなかった。それで、昭綱の家臣は嘉右衛門の関の通過を認めず、嘉右衛門は正則のもとへ戻り、面目を失ったとして自害。正則は嘉右衛門の首を家康に送りつけ、関の責任者、昭綱の切腹を要求しました。家康はくだんの家臣の首を届けさせたのですが、正則は要求を取り下げなかった。それで家康はやむなく昭綱を切腹させせ、その首を差し出すことで解決をみた。そういう事件です。

昭綱や家康にしてみれば、時期が最悪だった。これから輝元との交渉が始まる。それは会津征伐から始まる一連の争乱の仕上げとして、どうしても必要なものでした。そして、正則は交渉に欠かせない人物である。今、正則に臍《へそ》を曲げられては困る。代わりはいない。かくて、家康は昭綱に自害を命じたのでしょう。もちろん、気分が良いはずがない。

ちなみに昭綱が自害したのは九月二一日。正則・長政の文書による勧告が功を奏して、輝元は九月二五日に大坂城を退去。代わりに家康が大坂城の西の丸に入り、関ヶ原の戦いは終息を見たのでした。

被害者二人目は、本多正盛《まさもり》（一五七七～一六一七年）。彼は、内藤正成の三男として生まれました。正成は徳川十六神将の一人に数えられる武士で、弓の扱いに特に優れていました。多くの合戦に功を立て、五〇〇〇石の身代《しんだい》に取り立てられた人です。

正盛は、本多忠信《ただのぶ》の養子となりました。養父の忠信は、関ヶ原の戦いの際に志摩《しま》（現・三重県中東部）の水軍大名・九鬼嘉隆《くきよしたか》のもとに使者として赴き、西軍に属することを決めた嘉隆に殺害された、という人物。また、正盛は安藤重信《あんどうしげのぶ》（下総・小見川《おみがわ》［現・千葉県香取《かとり》市］二万石）の娘を妻に迎えています。

一六一六（元和二）年、家康が亡くなると、幕府は日光に東照社（のちの日光東照宮）を造営し、正盛はその副奉行の職に就きました。ところが、同僚の山城忠久《やましろただひさ》（元・豊臣家臣）と争いとなり、正盛は忠久を罵倒し、殴打しました。このため、忠久は親しくしていた正則に「喧嘩両成敗《けんかりょうせいばい》は武家の習いである。私は武士の名誉を守るために腹を切るから、両成敗ということで、正盛めを自害に追い込んでほしい」と依頼して切腹しました。こうした腹の切り方を「指腹《さしばら》」と言います。

正則は忠久の遺志を諒《りょう》とし、幕府に圧力をかけました。正盛は罪に問われて、造営完工直後に下野・板橋《いたばし》藩に預けられ、一六一七（元和三）年四月に切腹を命じられました。彼の死後、妻子は安藤家に引き取られ、子供たちは外祖父・重信の養子になっています。長男の重長《しげなが》は祖父の跡を継いで大名となり、その子孫が幕末の「坂下門外の変《さかしたもんがい》」で知られる安藤信正《のぶまさ》です。

正則は一六一九（同五）年、居城である広島城を無断で修理したことを咎《とが》められて、広

京都の入口・逢坂関

東海道五十三次を旅する時に、江戸方面から数えて53番目の宿場町が大津である。旅人は大津宿を出て京都へ向かうが、この時に難所となるのが逢坂峠《おうさか》である。山城と近江の国境となるこの地には、かつて関所が設けられ、伊勢の鈴鹿関《すずかのせき》、美濃の不破関《ふわのせき》と共に「三関《さんげん》」と称された（平安前期までは逢坂関ではなく、越前の愛発関《あらちのせき》）。ただし、関所がどこに置かれたかについては諸説ある。逢坂の次、最後の難所として立ちはだかるのが日ノ岡峠であり、これを抜けると粟田口《あわたぐち》、蹴上《けあげ》へ至る。写真は、逢坂山関趾碑（滋賀県大津市）。

島の約五〇万石から信濃・高井野《たかいの》藩四万五〇〇〇石に左遷されます。最近、福島家は「武家諸法度《ぶけしょはっと》」に違反したから咎められたのであって、幕府が正則を処断する機会を虎視眈々《こしたんたん》とうかがっていたというのは勘ぐりすぎだ、という説も出ていますが、「他の人と違うことを言って、目立ってナンボ」という学界の風潮は困ったモノです。この事例からも、幕府が正則に良い感情を持たぬのは当然で、己を捨てて徳川にしっぽを振れなかった彼は、左遷されるべくして左遷されたのだ、定説通り、とぼくは思います。

なお、広島城を受け取りに赴いた使者の一人は、婿を切腹に追い込まれた安藤重信でした。彼の胸中は推《お》して知るべしでしょう。

江戸幕府は官僚に冷たい⁉

二〇二二年、大活躍した東京ヤクルトスワローズの村上宗隆《むらかみむねたか》選手に対して、ファンは「神様、仏様、村神様」との最大級の賛辞を贈っていました。これはもちろん、往年の大投手、西鉄の稲尾和久《いなおかずひさ》選手を称《たた》えた「神様、仏様、稲尾様」に倣《なら》ったものです。

ところがもしかすると、この表現にはさらに先達《せんだつ》があるかもしれない、という指摘を目にしました。それが「神様、仏様、伊奈様」です。「伊奈様」とは、関東の代官に任じた伊奈忠次のこと。何となく語呂が悪いので嘘かなとも思えますが、忠次が農民に慕われた名代官であったことがわかるエピソードです。

忠次は、前述した伊奈昭綱の一族です（昭綱の父と忠次がいとこ）。槍働きはあまり得意ではなかったようで、戦場では補給部隊として活躍しました。浜松から駿府に移った家康のもとで、三河・遠江の奉行として仕事をこなし、家康が江戸に移封されたあとに、関東《かんとう》代官頭《だいかんがしら》として民政の面で家康の関東支配を支えました。同僚に大久保長安、彦坂元正《ひこさかもとまさ》、長谷川長綱《はせがわながつな》らがいます。

彼はまず、関東の検地を進めました。正確な数字がわからなければ、公平な統治はできませんから。そのうえで、農業指導に取り組みました。民たちに桑《くわ》・楮《こうぞ》・麻《あさ》の栽培を奨励し、蚕《かいこ》を飼って絹《きぬ》を生産すること、炭《すみ》を焼くこと、塩をつくることを教えました。また、利根川の流れを変える大工事に挑みました。

当時、「坂東太郎《ばんどうたろう》」と呼ばれた利根川は江戸湾に注いでいました。そのために江戸の土地は湿気が多く、すぐにぬかるみができました。家康は利根川の流れを変えることで、江戸に「堅い地盤」をもたらそうとし、忠次に工事を命じました。この大工事は忠次一人の代では終わらず、彼の子の忠治《ただはる》、孫の忠克《ただかつ》に受けつがれ、忠克の代にひとまずの決着を見ました。

これだけの事績を残した結果として、忠次は農民から慕われました。忠次と忠治への敬慕は「伊奈町」という町名にもなっています。忠次が領していた武蔵国足立《あだち》郡小室《こむろ》(現・埼玉県北足立《きたあだち》郡伊奈町)には忠次由来の「伊奈町」があり、合併でなくなってしまいましたが、茨城県筑波《つくば》郡伊奈町(現・つくばみらい市伊奈地区)は忠治由来の「伊奈町」でした。

ただし、忠次が与えられた領地は驚くほど少ない。小室と鴻巣《こうのす》(現・埼玉県鴻巣市)に一万石なのです。しかも、彼の嫡孫が子供の頃に亡くなったため、忠次の次男だった忠治が跡を継いだ時には七〇〇〇石になっていました。

それでも、伊奈家は旗本として存続しているからまだ良いほうかもしれません。忠次の同僚だった彦坂元正、長谷川長綱は家が潰れています。特別な配慮や恩恵はありませんでした。

そしてもっとひどいのが、大久保長安です。山岡荘八や山田風太郎《やまだふうたろう》などの時代小説に頻出する長安は一五四五(天文一四)年、武田信玄お抱えの猿楽《さるがく》師《し》の家に生まれました。信玄に才能を見いだされて家臣として取り立てられ、重臣・土屋昌続《つちやまさつぐ》の与力《よりき》になったと言います。この時、姓は土屋を名乗っていました。領国における黒川《くろかわ》金山(現・山梨県甲州《こうしゅう》市)

などの鉱山開発や税務などに従事したそうです。
武田氏の滅亡後は、徳川家康の家臣になりました。大久保忠隣《ただちか》の与力として、仕事ぶりを認められて名字を与えられ、姓を大久保にあらためました。本能寺の変ののちに甲斐国は徳川領となりましたが、戦乱で荒廃した甲斐国の内政を立て直したのが長安であったと言います。

石見銀山の大久保間歩

石見《いわみ》銀山は世界に名を轟かせた鉱山で、世界の銀の3分の1を産出したとも言われる。徳川家康は関ヶ原の戦いで勝利すると、すぐさま石見銀山を徳川の直轄地に組み込み、銀山奉行として大久保長安を指名した。長安のもとで、銀の大量採掘が実現したのである。間歩《まぶ》とは、銀を採掘する坑道を指す。現在、世界遺産となっている石見銀山遺跡には大小さまざまな間歩が残っており、約1000カ所確認されている。なかでも、写真の大久保間歩は最大級のもので、長安が馬に乗り槍を手にして入ったとされる。

家康が関東に移ると、長安は伊奈忠次らと共に代官頭に任じられ、「石見検地《いわみけんち》」と呼ばれた検地（長安が石見守《いわみのかみ》だったため）を推進しました。関ヶ原の戦いでは補給を担当。戦後は石見銀山（現・島根県大田《おおだ》市）、生野《いくの》銀山（現・兵庫県朝来《あさご》市）、佐渡《さど》金山（現・新潟県佐渡市）を管轄するようになります。また、甲斐奉行、石見奉行、美濃代官、伊豆奉行、佐渡奉行などを兼帯し、家康が将軍に任命されると、特別に従五位下石見守に叙任。また、家康の六男・松平忠輝《ただてる》の附家老《つけがろう》に任じ、年寄《としより》（のちの老中）に列せられました。

こうした職務を兼任した長安の権勢は強大でした。ただし、彼の正式な禄高は武蔵・八王子《はちおうじ》八〇〇〇石でした（三万石説もあり）。これもずいぶんな待遇だと思われますが、仰天すべきは大久保家の末路です。一六一二（慶長一七）年七月、長安は中風《ちゅうぶ》にかかり、家康から薬を与えられています。この時はまだ、家康は彼をどうこうしようとは考えていなかったのでしょうか。ところが、翌年四月に彼が六九歳で死去すると、長安の不正蓄財が言い立てられました。

長安には七人の男子がありましたが、彼らは蓄財の調査を拒否。すると七月、嫡男・藤《とう》十郎《じゅうろう》（三七歳）以下七人全員が切腹を命じられたのです。もちろん、大久保家は取り潰し。

大久保家と縁を結んでいた、たとえば石川康長（石川数正の子。松本八万石）なども罪に問われました。これが大久保長安事件です。

この事件はどうにもキナ臭い。口封じとかじゃないか。罪状は本当に不正蓄財だけだったのか。この頃は、江戸幕府がキリシタン弾圧にハッキリと舵《かじ》を切った時期でもありますし、言うまでもなく豊臣家が滅びの道を進んだ時期でもあります。こうしたことと関係があったのか否《いな》か。真相は藪《やぶ》のなかですが、ただ少なくとも、幕府は内政官僚のような人たちにはとても厳しかった。これは指摘できるでしょう。

鳥居元忠①～三河武士の鑑

徳川家康の重臣、本項と次項は鳥居元忠です。

元忠を紹介しようと思ったのは、家康が関東に入った時に家臣に与えた禄高の順を参照したからです。徳川四天王と平岩親吉（本章最後で詳述）。次が大久保忠隣に鳥居元忠になります。徳川家臣団は関ヶ原の戦いのあともそれほど加増されていませんので、一〇万石以上は、徳川四天王の井伊に本多に榊原。豊臣政権とだいぶ様相が異なりますね。

秀吉は主だった子飼いの武将に、二〇万石ほどを与えています。朝鮮で実際に戦った大名では、加藤清正、福島正則、小西行長。父の代から秀吉に仕えていた二世としては、蜂《はち》須《す》賀《か》家政《いえまさ》（父は「小六《ころく》」こと正勝《まさかつ》）、浅野幸長《よしなが》（父は五奉行の長政）。行政面で活躍した豊臣政権の支柱としては、石田三成、増田長盛。豊臣の姓・羽柴の家名を与えられた、朝廷の官職を下賜されたという点を豊臣政権下の秩序として重視する意見もありますが、ぼくはやはり「武士は領地」で整理すべきと考えます。それが鎌倉時代からの「主従制のキモ」だと思うから。

　秀吉子飼いはおもしろいことに、Ⓐ二〇万石クラス、Ⓑ五万石クラス、に分けられる。Ⓐと Ⓑの中間には一〇万石クラスがいるはずですが、それにあたるのは一二万石（検地後に一七万石）の黒田長政、一〇万石の加藤嘉明《かとうよしあきら》（賤ヶ岳の七本槍の一人）、とさほど多くない。Ⓑは前田玄以《まえだげんい》（五奉行）、長束正家、大谷吉継など。二〇の次が一〇ではなくて五、という不自然にも見える組み合わせは、たまたまか、意識的なのか。それはもうすこし考えさせてください。

　とにもかくにも、秀吉の子飼いは二〇万石クラスに到達している。ところが天下人・家康の家臣は井伊直政でも一八万石。一〇万石オーバーは本多忠勝と榊原康政のみ。平岩親吉がそこに加わるかな、というくらい。やっぱり少ないですよね。農民出身の秀吉とは異なり、松平家＝徳川家には昔からの家臣団があった。だから「うすく、広く」が基本になったということでしょうか。

というわけで、鳥居元忠です。彼は一五三九（天文八）年、松平氏の家臣・鳥居忠吉《ただよし》の三男として、岡崎に生まれています。家康より三歳年長です。父は岡崎奉行などを務め、元忠は家康が今川氏の人質だった頃からの側近の一人でした。家康の三河統一後、旗本部隊の将として戦います。これは本多忠勝、榊原康政と同じ。ということは、ここで本多、榊原ほどは実績を残せなかったのではないでしょうか。

一五七〇（元亀元）年の姉川の戦い、一五七三（同三）年の三方ヶ原の戦いに参加。一五七五（天正三）年の長篠の戦いでは馬防柵の設置を担当しました。六年後の高天神《たかてんじん》城の戦いにも参戦しています。

本能寺の変後の旧武田領をめぐる天正壬午《てんしょうじんご》の乱では、北条氏の兵一万を二〇〇〇の兵で撃退。戦後、甲斐国都留《つる》郡（現・山梨県東部）を与えられます。かつて武田氏が統治していた時代に、小山田《おやまだ》氏が独自の支配をしていた地域です。

一五九〇（天正一八）年、秀吉による小田原征伐にも参加。北条氏の滅亡後、家康が関東に移封されると、下総・矢作《やはぎ》城四万石を与えられました。矢作城は大崎《おおさき》城とも言い、千葉県香取市大崎にあった城です。常陸《ひたち》国（現・茨城県の大部分）の佐竹氏に備える役目を負っていたとすると、のちに子息の忠政《ただまさ》が山形に入ったのは秋田に移った佐竹への備えで、鳥居家の役目は変わっていないことになります。

一六〇〇（慶長五）年、家康は諸将を率いて会津征伐に出発しますが、この時、元忠を伏見城の守将に指名しました。大坂を出発した家康は、六月一六日に伏見城に一泊し、元忠との別れを惜しみました。家康が守備兵は三〇〇〇しか置いていけない、と謝罪すると、元忠は、大坂方が蜂起すればどのみち城に火をかけ討ち死にする他はないから、留守居の兵を増やしても無駄である。殿が天下を取るために、一人でも多く、会津征伐に召し連れて行ってほしい、と答えたと言います。自身の未来となすべきことが、元忠にはわかっていたのです。

はたして家康が出陣していくと、石田三成らが家康に対して挙兵しました。いわゆる西軍は、上方における家康の本拠地である伏見城を包囲。この時、小早川秀秋、島津義弘が入城して共に戦いたいと通達してきましたが、元忠は「家康から聞いてない」と拒絶したと言います。小早川はともかく、島津勢は西軍として積極的に動いていた、という指摘もあり、本当のところは定かではありません。

鳥居元忠が守った伏見城

伏見城は「京都城」と認識することもできる城である。それまで京都の聚楽第で生活していた豊臣秀吉は、1594(文禄3)年にこの城(指月《しげつ》伏見城)に移った。2年後、慶長伏見地震によって城の建物や石垣が倒壊すると、北東1キロメートルの木幡山《こはたやま》に新たな城が築き直されることになり、1597(慶長2)年に完成した(木幡山伏見城)。翌年、秀吉はこの城で没し、子息の秀頼は大坂に移った。入れ替わりに、徳川家康が上方における拠点とした。大坂の陣後は廃城となり、現在のものは戦後に建てられた模擬天守(写真)。

元忠は玉砕覚悟で激しく戦い、一三日間の攻防の末に討ち死にしました。享年六二。その忠節は「三河武士の鑑《かがみ》」と称賛されました。元忠を討ち取ったのは鈴木重朝《すずきしげとも》（雑賀孫市《さいかまごいち》）で、彼はのちに水戸徳川家の重臣になりました。重朝は、元忠が身につけていた「紺糸素懸威二枚胴具足《こんいとすがけおどしにまいどうぐそく》」を返還しましょう、と元忠の子の忠政に申し入れましたが、忠政は感謝しながら、「ご子孫に伝えてほしい」と答えています。この具足はとても美しいもので、二〇〇三年に鈴木家から大阪城天守閣に寄贈されました。

鳥居元忠②〜その後の鳥居家

鳥居元忠は下総・矢作四万石を領していましたが、伏見城で討ち死にを遂げたあと、所領は子息の忠政が継承しました。二年後に加増を受け、鳥居家は陸奥・磐城平一〇万石の大名になっています。六万石の加増、所領二・五倍。すごくドライな言い方をするならば、家康はこれをもって、元忠の生命の代償としたのです。

前項で述べたように、三河譜代で一〇万石を領していたのは井伊、本多、榊原などごくわずか。それを考慮すると、この処遇は十分に厚い。譜代の家臣にはケチな家康ですが、何十年もの元忠の忠誠を考えると、加増しないわけにはいかなかったのでしょう。

家康の没後、鳥居家の身代はさらに大きくなります。一六二二（元和八）年に大大名の最上家が改易されたのを受け、忠政は出羽・山形二二万石を与えられました。しかもこの時、忠政の娘婿の酒井忠勝《ただかつ》には鶴岡（現・山形県鶴岡市）一四万石、妹婿の戸沢政盛《とざわまさもり》は新庄《しんじょう》（同新庄市周辺）六万石、いとこの松平重忠《しげただ》に上山《かみのやま》（同上山市）四万石が与えられました。言ってみれば「鳥居ワールド」が、現在の山形県域に現出したのです。

この処遇を決したのは、第二代将軍の秀忠ということになります。彼はどうやら、戦場での敢闘と言うか、奮戦を高く評価する人物だったようです。マッチョが好きなんですね。立花宗茂や丹羽長重を側に置いて話を聞くのを好んだとか、宗茂・長重の所領を関ヶ原以前と同じ水準まで復したとかを参照すると、そう言ってよいのでは、と思います。鳥居家への厚遇も、同じベクトルで理解できるのではないでしょうか。

もうひとつ考えられるのは、神話とか伝説の創成、でしょうか。家康のために戦って戦場で落命した武士は多くいた。その人たちすべてを厚遇したら財政はパンクする。だから、徳川政権樹立に向けてのインパクトのある場面で働いた人物と家を称揚し、禄を与える、ということになったのでしょう。その代表が鳥居家、また大坂の陣で討ち死にした小笠原忠脩《ただなが》の家、ということです。徳川は創業のために力を尽くした家来を大切にしているぞ、というアピールですね。

鳥居忠政のあとを受けた忠恒《ただつね》は、他者がすぐにそれとわかるほど病弱で、子供ができませんでした。ですが、忠恒は養子の手当てを怠《おこた》っていた。そのため、亡くなる間際《まぎわ》に遺言を残したのですが、これは当時の幕府の定めた「末期養子《まつごようし》は認めない」というルールに明らかに抵触する。忠恒も家臣たちも「まずい」わけで、改易されても文句は言えません。ですが、元忠の伏見城での忠節に免じて取り潰しは免れ、忠恒の弟、忠春《ただはる》に信濃・高遠《たかとお》(現・長野県伊那《いな》市)三万二〇〇〇石が与えられました。

忠春ははじめ、鳥居家の栄光を取り戻そうとがんばったみたいです。政務に精励して、幕府からの課役も積極的にこなした。でも、いくら功臣の鳥居家とはいえ、そう簡単に加増の沙汰はありません。それで忠春は変わってしまった。だんだんと、絵に描いたような暴君になっていったのですね。最後には身近にいる侍医《じい》に斬りつけられ、その傷が元で、四〇歳で亡くなりました。

あとを継いだ子供の忠則《ただのり》、これがまた暗愚だった。日頃からいろいろ悪評があったようですが、一六八九（元禄《げんろく》二）年、どうにも妙な事件で幕府からお咎めを受けました。家中の高坂という侍が夜中に密かに旗本・平岡頼恒《ひらおかよりつね》の長屋を覗《のぞ》いたという罪で逮捕され、家臣の教育がなっていない、として主君の忠則も閉門《へいもん》を命じられたのです。すると閉門中に忠

正伝寺の血天井

どのような理由があるかは不明だが、武士が倒れ、血が付着した床板を天井として用いている寺がいくつかある。京都では、三十三間堂《さんじゅうさんげんどう》に近い養源院《ようげんいん》、大原《おおはら》の宝泉院《ほうせんいん》、北部の源光庵《げんこうあん》や正伝寺《しょうでんじ》など。養源院と正伝寺の血天井《ちてんじょう》は、伏見城落城時のものという。正伝寺は伝統ある禅宗寺院で、小堀政一《こぼりまさかず》（遠州《えんしゅう》）の作庭《さくてい》と伝わる、比叡山を借景とした枯山水《かれさんすい》庭園が有名。

則は四四歳で急死してしまった。一説では自害したとも言います。

覗きの主犯の高坂は、刀などは取り上げられていたからでしょう、舌を噛み切って自害しました。このため事件の真相はわからなくなってしまったのですが、幕府は忠則の家臣統制よろしからず、として、後嗣《こうし》であった鳥居忠英《ただてる》の家督相続を認めず、所領を没収しました。

けれども再びここで、鳥居元忠の忠節が物を言います。鳥居家のお取り潰しは避けたい、と幕府は考え、特例として能登国《のと》（現・石川県北部）で一万石の領地を確保、忠英に能登《のと》下村《しもむら》藩を立藩《りっぱん》させました。

忠英は名君で、領地をよく治め、幕府の政治でも活躍した。若年寄にまで累進しています。そうした功績が認められ、まず一万石を加増され近江・水口《みなくち》（現・滋賀県甲賀《こうか》市）の領主に。さらに一万石を加増され、下野・壬生《みぶ》（現・栃木県下都賀《しもつが》郡壬生町）の領主になりました。忠英は、壬生でも水口から持ち込んだ干瓢《かんぴょう》の栽培を奨励したり、藩校を開いたり、と功績を残しています。そもそも、壬生は将軍の側近が封じられる土地でした。

鳥居家はこのあと下野・壬生三万石の大名として江戸時代を過ごしました。なかでも第三代藩主の忠意《ただおき》は、歴代の将軍の信任を受け、寺社奉行、若年寄を経て老中を務めています。他の藩主も、幕府で要職を務めています。武功の鳥居家は、幕政に所《ところ》を得て安定したと言えるでしょう。

土井利勝〜異例の厚遇は家康のご落胤だから⁉

土井利勝《どいとしかつ》は一五七三（元亀四）年、徳川家家臣・土井利昌《としまさ》の子として浜松に生まれました。この土井という家は、幕府に提出した資料によれば、清和源氏《せいわげんじ》・土岐《とき》氏の庶流であるとされますが（『寛政重修諸家譜《かんせいちょうしゅうしょかふ》』）、三河譜代の家ではないようです。利勝の父である利昌も、どんな武功を挙げた、どれほどのサラリーを得た、などの詳細がわからぬ人です。

利勝の名は、徳川秀忠と共に資料に現れます。すなわち、一五七九（天正七）年に秀忠が生まれると、安藤重信・青山忠成《あおやまただなり》と共に秀忠の傅役《もりやく》を命じられたのです。役料《やくりょう》は二〇〇俵でした。傅役と言っても七歳なので、実態は「ご学友」でしょうか。家臣の子供は多くいたでしょうに、なぜ利勝が？　家康は幼い彼を鷹狩《たかが》りに同行させていて、特に気に入っていたようです。

ちなみに、同じく傅役の大任に就いた重信は二三歳、のちに上野・高崎五万六〇〇〇石の大名になります。前述のように、安藤家は三河以来の譜代で、坂下門外の変で有名な安藤信正など、幕府要職に就く者が多く出ています。忠成は二九歳。のちに老中を務め、常陸・江戸崎《えどさき》（現・茨城県稲敷《いなしき》市あたり）で二万五〇〇〇石。青山家も三河譜代で、子孫はたびたび幕府要職に就いています。

家康が関東に転封すると、利勝は相模《さがみ》国（現・神奈川県の大部分）に領地一〇〇〇石を得ました。関ヶ原の戦いでは、秀忠に従い別動隊となりましたので、これといった武功は挙げていません。五〇〇石だけサラリーを増やしてもらっていますが、日頃の労に報いる感じでしょうか。

その後も秀忠の側近として働き、一六〇二（慶長七）年末、下総・小見川に一万石を与えられました。一六〇五（同一〇）年、秀忠が上洛して後陽成《ごようぜい》天皇より征夷大将軍に任ぜられると、随行していた利勝も従五位下大炊頭《おおいのかみ》となりました。これに先立つ前年、李《り》氏朝鮮の使節が来日した時に事務を取り仕切ったり、一六〇八（同一三）年、浄土宗と日蓮宗の論争（慶長宗論《けいちょうしゅうろん》）を処理したりと、実務面で優れた手腕を発揮しています。

一六一〇（慶長一五）年、下総・佐倉三万二〇〇〇石に移封。同年、家康の命により秀忠附の老中に任ぜられました。一六一二（同一七）年には四万五〇〇〇石に加増されます。一六一五（同二〇）年に大坂の陣が起こると、利勝は秀忠のもとで従軍。さしたる武功は報告されていませんが、所領は六万二五〇〇石に加増されます。

この年、青山忠俊《ただとし》（忠成の嫡子）、酒井忠世と共に徳川家光の傅役を命じられます。そして、秀忠を補佐して一国一城令《いっこくいちじょうれい》を出し、一三条からなる武家諸法度を制定しました。翌年四月に家康が死去すると、葬儀の事務を一手に引き受けました。秀忠との関係は良好で、一六二二（元和八）年の本多正純の失脚以後は、幕府第一の権力者と目《もく》されました。翌年に秀忠が将軍職を家光に譲ると、利勝は青山忠俊・酒井忠世と共に、引き続き家光の補佐にあたりました。

一六二五（寛永二）年に一四万二〇〇〇石に加増され、一六三三（同一〇）年には下総・古河《こが》（現・茨城県古河市）一六万二〇〇〇石に加増移封されます。これは譜代大名屈指の石高になります。一六三五（同一二）年、武家諸法度に参勤交代《さんきんこうたい》義務化などの条文を加え、一九条に増やして大改訂し、幕府支配の基礎を固めました。翌年には、輸入の明銭《みんせん》に依存していた国内通貨を刷新。幕府で寛永通宝《かんえいつほう》を鋳造し、新通貨制度を確立しました。

この頃から健康を害し、老中辞任を申し出ましたが、家光に慰留され撤回。一六三八（寛永一五）年、実務を離れて大老（名誉職）となります。一六四四（同二一）年六月に病床に伏し、七月一〇日に死去。享年七二。

幕府政治家として堂々たる人生ですが、あれ？　と首を傾げざるを得ないところがあります。いかに熟練の政治家とはいえ、厚遇されすぎでは？　これまで取り上げた人物でわかるように、江戸幕府は譜代に対して安易にサラリーをはずむことをしません。一〇万石以上の禄を取る譜代大名は、①自身が戦場で顕著な働きをした人、もしくは②戦場で大功を立てて討ち死にした人の近親者、どちらかです。軍事が重要で、政治ではない。例外は本多正純（宇都宮一五万五〇〇〇石）くらいでしょうか。ただし、彼はのちに改易され、終わりを全うしていません。

では、利勝の栄達をどう理解するか。ひとつは時代が変わったのだ、とする正攻法。戦《いくさ》がない世の中になったので、行政力が高く評価されるようになった。利勝の出世はその表れだとする。同僚の酒井忠世も政治力を評価されて上野・厩橋で一二万石ですので、この見方が有力なのはまちがいない。

でも、利勝の場合は、もうひとつ違う解釈があります。それがよく知られる「利勝は家康の落胤だった」説です。彼の血統については、江戸幕府の公式な記録である『徳川実紀《とくがわじつき》』にも書かれています。「火のないところに煙は立たぬ」とも言いますし、さてどうなのでしょう？　ぼくは今のところ、これを「アホらしい」と一笑に付すだけのロジックを

土井利勝に与えられた要地・古河

かつて古河は下総国に属していた。下総国は、現在はおおよそ千葉県だが、古河は茨城県古河市である。渡良瀬川《わたらせがわ》の下流に接していたが、この川は直《じか》に東京湾に注ぐ河川であったので、江戸と北関東を結ぶ町として栄えた。もうすこし歴史を遡《さかのぼ》ると、湿地に守られる天然の要害であったため、室町時代後期には鎌倉公方《かまくらくぼう》がこの地に移り、「古河公方《こがくぼう》」と呼ばれた。このような経緯から、古河は北関東有数の町だったのである。写真は、古河公方館《やかた》が置かれていた古河総合公園。春には「古河桃まつり」が開催される。

持ち合わせていません。

本多正純～栄光からの転落

前項で取り上げた土井利勝より先に、と言うか、文官にしてはじめて大封《たいほう》を得た譜代大名が本多正純です。彼は一五六五（永禄八）年、徳川家康の謀臣として名高い本多正信の嫡男として生まれました。その幼少期、父・正信は三河一向一揆に与《くみ》したために、徳川家中を離れていました。この間の正純の動向はよくわかりません。

父が再び家康に仕えると、正純も徳川家に仕えるようになりました。関ヶ原の戦いでは、家康に従って関ヶ原の戦場にいましたが、さしたる武功を挙げた形跡はありません。側近として、家康の傍《かたわ》らに控えていたのでしょう。翌年、従五位下上野介《こうずけのすけ》に叙任。一六〇五（慶長一〇）年、家康が将軍職を秀忠に譲って駿府に移ると、秀忠には父の正信が、家康には正純が付き従う形となりました。一六〇八（同一三）年には、父の禄とは別に、下野・小山《おやま》藩（現・栃木県小山市）三万三〇〇〇石を与えられています。

この史実を知って「あれ?」と思うのは、次の有名なエピソードです。すなわち、正信は常々、正純に「私が死んだら、将軍（秀忠）は必ず加増をしてくださるに違いない。三万石まではありがたく頂戴せよ。だがそれ以上はけっして受けてはならない。辞退しなければ、災いが必ず降りかかるであろう」と説いていた、というものです。

正信は家康のあとを追うように亡くなった、とざっくり記憶していましたが、調べてみると、一六一六（元和二）年六月没（家康は同年四月）。私が死んだらも何も、それ以前に三万石以上の禄を得ていたわけです。となると、このエピソードに嘘があるのは明らかですが、まるっきり嘘なのか、そういった趣旨のことを正信は言っていたのか。どちらなのでしょう？

家康の正純への信任は厚く、一六〇七（慶長一二）年に築城後まもない駿府城が火災で焼失した際には、再建されるまでの間、家康は正純の屋敷で暮らしていました。家康の臨終にも、家臣としては唯一、立ち会いを許されています（他に金地院崇伝と南光坊天海）。

一六一二（慶長一七）年には岡本大八《おかもとだいはち》事件も起きています。これは、肥前《ひぜん》・日野江《ひのえ》（島原）藩主（四万石）の有馬晴信《ありまはるのぶ》に対し、所領の加増を家康に掛け合うと偽《いつわ》って、正純の家臣・岡本大八が多額の賄賂《わいろ》を受け取っていたことが明るみに出た事件です。いっこうに加増の沙汰がないことにしびれを切らした晴信が正純に直接相談したため、贈賄が発覚しました。詮議《せんぎ》の結果、大八は火あぶり、晴信は流罪《るざい》に処せられたあとに自害に追い込まれます。

この事件が有名なのは、大八と晴信が共にキリシタンであったため、これ以後、江戸幕府の禁教政策が本格化することになったからです。

当時は、中世以来の連座の制度がまだまだ生き残っていました。たとえば信濃・松本八万石の石川康長は大久保長安の長男に娘を嫁がせていましたが、大久保長安事件が起きて、長安が罪に問われると、婚姻の事実だけを理由として改易に処されています。

これに対して、岡本大八事件はどうも妙です。大八の主人である正純はお咎めなし。晴信の子の直純《なおずみ》も、格別な罪に問われずに、所領の相続を許されています（減封《げんぽう》もなし）。通常であれば、二人には何らかの処分があったはずなのに、まったくない。なんとも怪しい。事件の真相について、ぼくは未だ考えあぐねていますが、正純はただ公明正大な能吏というのではなく、必要とあらば陰謀をめぐらすこともできる人物だったような気がします。

家康の死後は、江戸に移って年寄となっています。二万石を加増され、領地は五万三〇

本多正純に与えられた要衝・宇都宮

関ヶ原の戦いの際、家康は、宇都宮をもって東北勢に対する防御拠点とした。上杉や(一応は東軍だが万が一)伊達や最上などが関東を攻めてきた時に備えて、次男の結城秀康などを駐屯させたのである。また戦後は、最年長の孫・奥平《おくだいら》家昌《いえまさ》を配置した。いかにこの地を重視していたかがわかる。家康が日光に祀られると、宇都宮は、日光護持の重要な役目も併せ持つことになり、譜代大名によって統治されていった。写真は、宇都宮城の本丸跡に整備された宇都宮城址公園。

〇〇石となりました。三年後には、家康の遺命であるとして、下野・小山藩五万三〇〇〇石から同・宇都宮藩一五万五〇〇〇石に加増を受けました。ただし正純自身は、加増を固辞していたと伝わります。

一六二二(元和八)年、秀忠暗殺を画策したとされる宇都宮城釣天井《うつのみやじょうつりてんじょう》事件などを理由に、所領を没収されました。ただし、当初は改易ではなく、先代よりの忠勤に免じて出羽・由利《ゆり》（現・秋田県由利本荘《ゆりほんじょう》市）五万五〇〇〇石を与える、という減封が指示されたのでした。ところが、この命を受けた正純は、毅然《きぜん》とした態度で五万五〇〇〇石を固辞。これが秀忠を激怒させ、本多家は改易され、正純の身柄は佐竹義宣に預けられ、由利へ流罪となりました。その後、正純は同横手《よこて》に移され、この地で七三歳で没しました。

正純の罪とは、本当は何だったのでしょうか。小倉《こくら》（のち熊本）藩主である細川忠利《ただとし》は、①正純は駿河にいた頃から秀忠の意向に背《そむ》くことが多かった、②加増による改心を期待したが態度をあらためなかった――と書いています。また、③正純が家康の側近だったため秀忠は遠慮していたが、これ以上は勘弁ならなかった――とも書いています。このあたりが真実ではないかと思います。

土井利勝ら秀忠側近が台頭し、正純はジャマになった。こういう時に、皆が知る武功を立てていない人の立場は弱かったのかもしれない。文官として栄達しながら、正純は終わりを良くしなかったのでした。

平岩親吉～家康が育んだ友情

本章の最後に紹介するのが、ここまで何度か出てきた平岩親吉です。親吉は一五四二（天文一一）年、松平家譜代の家臣・平岩家に生まれました。生誕の地は、岡崎にほど近い三河国額田《ぬかた》郡坂崎《さかざき》村（現・愛知県額田郡幸田《こうた》町）です。生涯の主である徳川家康と同い年。家康が今川家の人質だった時期から、彼に仕えていました。

一五五八（弘治四）年に初陣。三河平定戦や今川領遠江への侵攻などで働きましたが、格別な手柄の話は残っていません。ただし失敗の話もありません。地道に戦っていたのでしょう。家康の嫡男、松平信康が元服すると、その傅役として補佐しました。

一五七六年一月（天正三年一二月）、信長の意を受けた家康の命で、尾張と三河に勢力を張る水野信元父子を誅殺《ちゅうさつ》しています。実態は謀殺、暗殺に近いでしょうか。信元は、家康の母・お大の方の兄。つまり家康の伯父です。

一五七九（天正七）年、織田信長により信康の切腹が家康に求められると、親吉は、傅役である自身の責任である、信康に代わって首を差し出す、と主張。信康が自害すると、蟄居謹慎しました。家康は彼を許し、再び直《じか》に家康に仕えることになりました。

本能寺の変後、旧・武田領がアナーキーな状態になると、家康はすかさず甲斐・信濃を制圧しました。親吉は甲斐の甲府《こうふ》に派遣され、武田遺臣の掌握や領内の安定化に奮闘。家康が関東に移ると、上野の厩橋城主に。石高は三万三〇〇〇石。この時の徳川家は、豊臣秀吉との戦いを意識していたはず。家臣に分与された領地は、基本的に軍事（政治ではなく）の期待値と考えられます。とすると、軍才に限っては、本多忠勝や榊原康政（両人は一〇万石）の三分の一、それが家康の親吉への評価だったように思います。

関ヶ原の戦い後の一六〇一（慶長六）年、甲斐に六万三〇〇〇石を与えられます。一六〇三（同八）年、家康の九男である義直が甲斐二五万石を拝領すると、駿府で生活する幼少の義直の傅役・代理として甲斐一国の統治を行いました。一六〇七（同一二）年、義直の尾張転封に伴って、附家老として尾張藩政を担い、かつ犬山《いぬやま》城主として一二万三〇〇〇石を領有しました。四年後、築城中の名古屋城二の丸御殿で死去。七〇歳でした。

以上が親吉の一生ですが、どこにツッコミを入れるべきかと言うと、まずは軍事。前述のように、親吉は個人的な武勲、将としての活躍、どちらのエピソードも残していません。徳川家臣団にあっては可もなく不可もなく。堅実に軍務をこなすタイプだったのでしょう。

いっぽうで政務の手腕は確かだったようですね。だからこそ、無主状態で荒れた甲斐国、西の勢力に対抗する拠点としての尾張国、名古屋城の統治を委《ゆだ》ねることができた。

注目すべきは水野父子の誅殺です。水野信元は家康の実の伯父で、しかも武将としても一角《ひとかど》の人物。彼の謀殺は絶対に失敗できないミッションでした。仮に失敗して、戦《いくさ》になったら面倒。情報が漏れて、お大の方に泣きつかれても面倒。とすると、家康は親吉に厚

犬山城

要衝の地にあり、小牧・長久手の戦いでは豊臣秀吉の本営が置かれた。その後、徳川義直の附家老として平岩親吉が12万3000石(一説に9万3000石)で城主になった。平岩家が断絶すると、家康の側近だった成瀬正成《なるせまさなり》が3万石で城主に。尾張徳川家はこの成瀬家と、徳川義直の異父兄である竹腰正信《たけのこしまさのぶ》から始まる竹腰家(美濃・今尾《いまお》城主)が家老として支える体制を取った。現在の犬山城天守(写真)は親吉ではなく、成瀬正成が整備したもの。

い信頼を寄せていたと言えるでしょう。年齢も同じ二人は、立場を超えての結びつきを有していたのでは、と想像できます。

それを裏づける史実が、平岩家の後継問題です。親吉には子供がいませんでした。そこで、家康は自身の八男・仙千代《せんちよ》を、親吉の養子としたのです。家康は、武田家再興のために五男の信吉《のぶよし》に武田を名乗らせましたが、平岩家は名門・武田と比べるまでもない普通の家。大事な子息を遣《つか》わすというのは、家康の純粋な厚意です。もっとも、仙千代も信吉も長生きできず、平岩家も武田家も結局は大名家としては断絶してしまったのですが。

もし仙千代が成長して平岩家を継いだら、兄（八男）が弟（九男）義直の附家老になるからおかしい、という説があるようですが、それは現代の私たちの感覚からするとヘンテコだ、ということです。ぼくも確かにヘンテコだとは思うのですが、史実をあくまでも大事にして、あの時代ではそういった逆転がありえたのだ、という順で考えを進めるほうが適当なのかもしれません。実際、家康は、次男・秀康ではなく三男・秀忠を跡継ぎに選んでいますし、大大名の家を例に取ると、加賀の前田家、肥後の細川家などで、弟が家督を嗣《つ》ぎ、兄の子や孫が家臣になっている例も見受けられます。

それにしても、なぜ家康は、実子を親吉に与えたのでしょうか。家康は愛妾《あいしょう》（お梅の方・お梶の方）を本多正純、松平正綱という次世代のエースに配しています。それと同じような感覚なのか。子供は別なのか。それは今のぼくにはわかりかねますが、この問題は尾張・紀伊・水戸の御三家の根本的な性格にかかわります。

家康が十男の頼宣《よりのぶ》を特に気に入っていて自身の駿河領を譲ったこと、水戸家は紀伊家の分家扱いであったこと、御三家は元来は尾張・紀伊・江戸の徳川宗家《そうけ》を指す言葉だったことがすでに知られています。仙千代の平岩家との養子縁組は、確実に考察の材料になるでしょう。そのことも引っくるめて、家康は親吉に対して、幼なじみ・同級生的な友愛の情を持っていたのではないか。ぼくにはそんな気がしてなりません。

第四章

戦国女性

満天姫～忠節を尽くすのは実家か、婚家か？

戦国時代に限らず、日本では女性が「家」という制度に縛られる時代が長く続きました。その場合、生まれた家に縛られるのか、嫁いだ先の家に忠実であるか、という問題があります。

もちろん、家が行動を抑制する原因にならなかった女性もいます。名家ではなかったゆえに自由に生き、下から伸《の》し上がってきた女性です。「女性版」豊臣秀吉とも言えるでしょうか。とはいえ、歴史に名前が出てくる女性の多くは、やはりセレブのお嬢さん。彼女たちはたいてい家父長制に強く縛られます。特に、実父の権力に拘束される女性が多い。でも、考えてみれば、これは当然のことかもしれません。結婚する相手を決める権利も父親が握っているわけで、その権力から自由になるのはなかなか難しかったようです。

しかし、江戸時代の元禄の頃から様相が変わっていきました。嫁いだ家のしきたりに倣い、その家になじんでいく女性が増えます。ただし、ここで嫁姑《よめしゆうとめ》の戦いが起きる。たとえば、味噌汁ひとつとっても、姑は嫁に「うちの味つけじゃない」と厳しく当たるわけです。おそらく姑も、嫁いできた時は夫の母親に同じことを言われたのでしょう。こうした戦いは戦前まで続きました。いや、案外、今もあるのかな。

元禄の頃から、こうした婚家《こんか》における嫁姑の関係が始まったことは、お墓を見るとわかる。ぼくは仕事柄、地方の大きな寺院に出向いて文書を見せてもらうことがあるんですが、時間が許すと、お墓を観察させてもらいます。すると、どこのお寺に行っても、元禄より前には墓石に○○家の墓と刻《きざ》まれた、いわゆる家族墓が見当たりません。歴史考古学の研究者に聞いても、家族墓が出現するのは元禄くらいでまちがいないようです。

それ以前、特に戦国時代末期までは、身分の高い人になると夫婦墓《めおとばか》があったらしい。つまり、夫の墓のそばに、妻の墓もつくられるケースがあったわけです。今、夫婦別姓の問題が盛んに論議されていますが、お墓の問題に関しては、夫婦墓にすれば夫婦別姓であっても何ら問題がないことになります。

話が横に逸《そ》れました。本題の満天姫《まてひめ》（一五八九？〜一六三八年）です。彼女は徳川家康の姪《めい》ですが、家康の養女として一五九九（慶長四）年、広島藩主だった福島正則の養嗣子・正之《まさゆき》に嫁ぎました。養女としたのは、格を上げるため。家康の「娘」と結婚したことになるからです。これで、徳川家と福島家は縁戚関係に。家康は天下人になるにあたり、正則を手懐《てなず》けたかったのでしょう。典型的な政略結婚ですね。実際、関ヶ原の戦いで、正則は徳川方として積極的に働いていますから、満天姫が果たした役割は小さくなかったと思われます。

ところが、このあと、正則に実子が生まれるという不測の事態が生じます。のちの忠勝《ただかつ》です。正則としては当然、忠勝に家を継がせたい。そうなると、正之の立場は危うくなります。結局、正之は乱行を理由に幽閉されて餓死。ひどい話です。それでも徳川家との関係を考えれば、福島家は満天姫を手放したくない。そこで正則は、満天姫と自分の跡を継がせたい実子とを結婚させようとするわけです。しかし、年齢差は一〇歳以上あるし、満天姫は亡き夫との間に子供を授かっている。見るに見かねた幕府は、彼女と子供を江戸に戻します。

一六一三（慶長一八）年、満天姫は津軽《つがる》家当主の津軽信枚《のぶひら》に嫁ぎます。ところが、信枚には正室がいました。それも、あろうことか辰姫《たつひめ》と呼ばれる石田三成の娘。どちらが重んじられるかは明白ですよね。信枚は満天姫を正室として迎え、辰姫を側室に格下げしました。さすがに今まで通り、辰姫と一緒に生活するわけにはいきませんから、信枚は津軽藩が飛び地として持っていた上州《じょうしゅう》の大舘《おおたち》（現・群馬県太田《おおた》市）に屋敷を造り、辰姫はそこに暮らすことになります。信枚は参勤交代の時に大舘に寄り、一夜を過ごす。まるで彦星《ひこぼし》と織姫《おりひめ》のような関係です。

でも、本当のドラマはここから。ほぼ同時期に、満天姫と辰姫に子供ができます。共に男の子。普通なら、徳川の肝入《きもい》りで正室となった満天姫が産んだ子が嫡子となり、次の藩

満天姫

満天姫（1589?～1638年）は松平康元《やすもと》の娘。父・康元は久松俊勝《ひさまつとしかつ》の長男で、母は徳川家康の生母・お大の方。同家は家康より松平姓を許され（久松松平家）、下総・関宿《せきやど》4万石を領した。満天姫は津軽家に再嫁する際、亡き夫である福島正之の活躍が描かれている「関《せき》ヶ原合戦《はらかっせん》図《ず》屏風《びょうぶ》」（大阪歴史博物館所蔵）を持参した。関ヶ原の戦いを描いた屏風は全国に十数点あるが、この「津軽屏風」が最古とされる。写真は、「絹本着色《けんぽんちゃくしょく》満天姫像《まてひめぞう》」（長勝寺《ちょうしょうじ》所蔵）。

主となるところです。何しろ、辰姫は、徳川に弓引いた石田三成の娘ですから。ところが信枚は、辰姫が産んだ子を跡継ぎに指名します。幕府もそれを認めたのは、信枚が私淑《ししゅく》していた南光坊天海の強力な働きかけがあったからのようです。何度か触れたように、天海は家康の側近として大きな力を持っていました。

満天姫が信枚に従ったのは、福島家の跡取りになったばかりに非業《ひごう》の死を遂げた前夫・正之を思ったからかもしれません。彼女が、自分の子にそんな重荷を負わせたくない、と考えても不思議ではありません。

しかし、満天姫の数奇な運命にはまだ続きがあります。正之との間にできた男の子は、彼女が津軽家に嫁ぐ際、同家の家老・大道寺直秀《だいどうじなおひで》の養子となり、直秀《なおひで》を名乗っていました。

一六二四（寛永元）年、すでに信濃・高井野藩に移封されていた福島正則が死去。この時、没後の手続きに不備があったため、高井野藩は改易となってしまいます。いかにも江戸幕府らしいやり方です。それでも、さすがに哀れと思ったのか、幕府は正則の遺児・正利《まさとし》に三〇〇〇石を与え、旗本として福島家を存続させました。

こうした状況を、津軽から我慢ならない思いで見ていたのが、満天姫の実子・直秀でした。彼には本来、自分こそが福島正則の後継者である、しかも神君・家康公の義理とはいえ（母親は養女なので）孫だというプライドがあった。そこで、江戸に行って幕府に訴え、福島家再興を図ろうとします。もちろん、満天姫は反対しました。直秀の軽率な行動は、津軽家を騒動の渦中に巻き込むことになるし、それは取りも直さず、幕府に取り潰しの口実を与えることにもなりかねないからです。しかし、直秀は意志を曲げない。

いよいよ江戸に旅立つという時に、直秀は満天姫のもとに挨拶に訪れます。ここで、直秀は満天姫から与えられた酒を飲み干し、絶命しました。要するに毒殺です。『大道寺家《だいどうじか》譜《ふ》』にはそう書かれていますが、毒殺が真実かどうかはわからない。家臣によって斬り殺された可能性もあります。いずれにしても、実の子を殺したのだから、満天姫の悲しみの深さは計り知れないし、「私をいつも政治の道具に使って」と、内心では徳川への恨みを抱いていたかもしれません。

結果的には、満天姫は実子を犠牲にすることで、生家《せいか》より婚家を守りました。「婚家ファースト」の女性が、いよいよ日本の歴史に登場したわけです。

立花誾千代〜女城主、かつ名将の妻

七歳で家督を譲り受け、女城主として名を馳せたのが立花誾千代《ぎんちよ》です。父は戸次《べつき》（立花）道雪《どうせつ》。大友宗麟の右腕として、大友家を支えた武将です。

大友宗麟は九州の九カ国のうち、六カ国まで制覇したと言われますが、武将として能力に優れていたわけではありません。では、なぜ六つの国を制覇できたのか。一番の要因は経済力。大友氏の本拠地は現在の大分県ですが、当時は南蛮貿易により大変栄えており、交易で大きな収入を得ていたようです。さらに、大友氏は博多にも手を伸ばしました。博多は日本の玄関口でもあり、南蛮貿易だけではなく、東アジアの交易を押さえていた。堺に次いで繁栄していました。大友氏はこの二つの港を握っていたのだから、お金がガッポガッポ入ってきたでしょう。

博多津（港）を守ったのが立花氏で、そのために立花山城《たちばなやま》（現・福岡市）が造られました。戦国時代、港を守るための城というのはあまりなく、他には奈良の多聞山城《たもんやま》くらいかなあ。立花氏は大友の一族ではあったのですが、博多津の収益を背景に、時には大友に逆らって毛利氏の側に付きました。その反乱を鎮圧したのが大友一族の戸次道雪。これを機に、道雪は博多津と立花山城を守るよう命ぜられ、立花の名跡《みようせき》を与えられた。戸次道雪から立花道雪に改名したわけです。世間的には立花道雪の名前で知られましたが、道雪自身は戸次の姓に誇りを持っていたのでしょう。生涯、戸次道雪を名乗っていました。

道雪は「鬼道雪《おにどうせつ》」の異名を取るほど、戦場での獅子奮迅《ししふんじん》の働きで知られました。しかし、大友氏と島津氏による耳川《みみかわ》の戦い（現・宮崎県児湯《こゆ》郡木城《きじよう》町）には参加していません。道雪には博多を守るという大事な役目があったからです。道雪は、生涯をかけて博多を中心とした九州北部を守り続けました。

道雪の子供は、闇千代一人。当然、跡継ぎについて、大友本家からプレッシャーをかけられます。「そろそろ決めなさい。おまえの甥に家督を譲ってはどうだ」と言われたようですが、道雪は甥のことが気に入らなかったらしい。本家の忠告を聞き入れることなく、まだ七歳の闇千代に家督を譲ってしまいます。大友家もこれを承認。これらの文書も残っているため、闇千代が女城主となったことは紛《まぎ》れもない事実です。

闇千代は、小説やゲームの世界では武勇に優れた女将軍になっていますが、現実に女性が戦場で出ることはまずありません。そのため道雪は、大友家の同僚で勇将として名高い高橋紹運《たかはしじょううん》の長子・宗茂に目をつけ、養子として迎え入れようとします。紹運も最初は拒否したものの、最後は了承。宗茂と誾千代は結婚しました。宗茂十五歳、誾千代一三歳。

宗茂は立花家の当主になるため、道雪によってスパルタ教育を施されました。宗茂は一五八五（天正一三）年、立花家の家督を相続し、大友家に尽くしています。その活躍が際立ったのが島津氏との戦いです。大友宗麟は島津氏の猛攻に耐えきれず、窮余の一策として豊臣秀吉に助けを求めます。秀吉軍の援軍により、島津氏は降伏。大友家はすんでのところで、豊後《ぶんご》（現・大分県の大部分）一国の大名として生き残ることができたわけです。秀吉は、宗茂の勇猛果敢な戦いぶりに感心しました。立花家を大友家から切り離すと、秀吉直属の大名として柳川《やながわ》（現・福岡県柳川市）一〇万石を与えたのです。

しかし、夫の出世を喜ばなかったのが誾千代です。父・道雪は立花家を継ぎながらも生涯、大友家を支え、盛り立てました。しかし、宗茂は秀吉の命とはいえ、立花山城を放棄して柳川城に移ってしまった。これを、誾千代が夫の裏切り行為だと考えても不思議じゃない。誾千代にとって、父親はそれほど絶対的な存在だったのです。結局、宗茂が柳川城に移った段階で二人は別居し、誾千代は城外で暮らし始めました。道雪の娘だけあって、気の強さも天下一品ですね。

秀吉も認めた戦上手《いくさじょうず》の宗茂と、鬼道雪と言われた立花道雪の娘であり、女城主でもあった誾千代。幸か不幸か、二人の間には子供ができませんでした。宗茂の女性関係はけっして派手ではなく、別居後もしばらく側室を置かなかったほどです。だからといって、誾千代を愛していたと言えるのか、ぼくにはわかりません。宗茂は柳川城に移っても、道雪が

誾千代の父・立花道雪

この肖像画(写真)を所蔵する福厳寺《ふくごんじ》は、福岡県柳川市にある黄檗宗《おうばくしゅう》の寺院。柳川藩主・立花氏の国元の菩提寺である。立花山城の麓にある梅岳寺《ばいがくじ》(現・福岡県糟屋《かすや》郡新宮《しんぐう》町)が立花氏の柳川移転に随伴して移り、改名・改宗した。再興された梅岳寺には道雪の墓があり、隣接して薦野増時《こものますとき》(道雪の腹心)が眠っている。道雪の墓は福厳寺にもあり、立花家歴代も同寺を墓所とする。また、柳川藩家臣だった壇《だん》家の子孫で、小説家の檀一雄《かずお》の墓がある。

残した立花家の家臣団も一緒だったから、新しい奥さんを貰うのに躊躇したのかもしれない。

宗茂は関ヶ原の戦いで西軍に属しましたが、関ヶ原には赴いていません。大津城《おおつ》（現・滋賀県大津市）の戦いに参加していたからです。この戦いで東軍の京極高次《きょうごくたかつぐ》は降伏・開城しますが、それは一六〇〇（慶長五）年九月一五日。つまり関ヶ原の戦い当日です。肝心の関ヶ原の戦いが敗戦ですから、意味がなくなってしまいました。宗茂は大坂城に戻ると、毛利輝元に抗戦を説きますが、受け入れられずに柳川に戻りました。柳川では、黒田官兵衛や加藤清正らと戦いましたが、最終的には降伏。立花家は改易され、宗茂は浪人となります。

しかし一六〇四（慶長九）年、その武勇を惜しんだ徳川家康からに旗本として召し出されます。一六〇六（同一一）年には陸奥・棚倉《たなぐら》（現・福島県東白川《ひがししらかわ》郡棚倉町）一万石を与えられ、大名に復帰。さらに大坂の陣に参加すると、五年後の一六二〇（元和六）年には柳川一一万石を与えられ、旧領への復帰を果たしました。立花家はこのあと、明治維新まで大名として存続しています。

いっぽう、誾千代は宗茂が改易されると、加藤清正治下の肥後国の腹赤村《はらか》（現・熊本県玉名郡《たまな》長洲町《ながす》）に暮らしました。そして一六〇二（慶長七）年、立花家の再興を見ることなく三四歳で亡くなっています。最後まで宗茂の妻としてより、立花道雪の娘として生きたという意味では、満天姫の「婚家ファースト」と反対の「実家ファースト」を貫いた女性でした。

細川ガラシャ〜その行為は自殺か、否か？

明智光秀の三女であるガラシャ（本名は玉《たま》）と、戦国屈指の文化人としても知られる細川藤孝《ふじたか》（幽斎《ゆうさい》）の長男・忠興。戦国時代を代表する美男美女のカップルです。二人は共に一五六三（永禄六）年の生まれで、一六歳の時に結婚します。結婚は織田信長の命によるもので、明智・細川両家の関係を強固にする目的がありました。

細川忠興は戦場では目覚ましい働きを見せると同時に、茶人としても知られる教養人で、文武両道の武将。表向きには非の打ちどころのない人物でした。いっぽう、おそろしく短気な性格でもあったようで、ミスをした家臣には「一度目はよく言って聞かせます。

二度目もまたよく説明します。三度目は切ります」と言ったことは第三章で触れた通りです。

嫉妬深いことでも知られ、ガラシャの美しさに見とれた植木職人を斬り殺してしまったなんて逸話も残っています。また、ガラシャが忠興の料理に髪が入っているの見つけたことがありました。忠興が気づけば料理人は殺されると考えたガラシャは、機転を利かせて隠そうとするのですが、忠興はその行動に気づきます。そして、ガラシャが庇《かば》った料理人に焼き餅を焼き、その場で斬り殺してしまったというのです。まあ、それほどまでに、忠興はガラシャを好きで好きでしょうがなかったということですが。

二人の運命を大きく変えたのが、本能寺の変です。ガラシャの父・光秀が謀反を起こして、信長を討ちました。光秀は細川藤孝に味方になるよう誘いますが、藤孝は信長の喪《も》に服すことで、これを拒絶。さらに家督を忠興に譲ると、隠居してしまいます。結局、本能寺の変から一一日後、光秀は豊臣秀吉に敗れて落命。ガラシャは、幽斎と忠興が味方してくれたら最愛の父である光秀の状況も違っていた、と考えたかもしれません。

いっぽう忠興にすれば、謀反人の娘をそのままにはできない。すんなり別れるという選択肢もあったのですが、彼はそれを選ばず、ガラシャを丹後《たんご》・味土野《みどの》（現・京都府京丹後《きょうたんご》市）に幽閉してしまいます。彼女を手放したくなかったのでしょうね。味土野は山深い地で、冬は降雪量も多い。驚くべきことに、忠興はここにせっせと通ってきて、子供まで産ませている。ガラシャは「私の体が目当てなの？」と思うこともあったかもしれない。粘着質で、異様な執着を見せる夫を、彼女が「キモ！」とまで思ったかどうかはわかりませんが、心は確実に離れていったはずです。

約二年後、秀吉のはからいで大坂の細川屋敷に戻ったガラシャは、キリスト教に救いを求めました。厳しい監視下に置かれながらも、忠興が九州征伐に出陣している間に、洗礼を受けてしまいます。その洗礼名がガラシャです。宣教師が彼女について「こんなに知性の高い女性を見たことはない」と言っているくらいだから、ただ美人であるだけでなく、頭も相当良かったのだと思います。

もちろん、忠興にも言い分はあったでしょう。本能寺の変のあと、秀吉には冷遇されました。同じ豊臣家の家臣でありながら、同僚の加藤清正や福島正則には出世競争ではどんどん抜かれていきます。たとえば、清正に与えられた領地が肥後・熊本二〇万石なのに対し、忠興は丹後・宮津《みやづ》一二万石。それもこれも自分の妻が光秀の娘だから。俺はそんな女の命を救い、今も正室に置いているのに、どうして俺を認めないんだ、俺の気持ちを理解してくれないんだ……。忠興はガラシャに対し、そんなふうに思っていたんじゃないのかな。

悲劇は、関ヶ原の戦い直前に起こります。一六〇〇（慶長五）年、忠興は徳川家康に従い、会津征伐に出陣します。忠興は大坂を発つ際、留守を預かる家臣たちに次のように命じました。

「自分が不在の折、妻の名誉を汚《けが》すようなことが起きたら、慣習に則して、まず妻を殺し、その後、切腹するように」

なかなか厳しい命令です。家康たちが東国に下ると、まもなく石田三成ら西軍が挙兵。西軍の総帥である毛利輝元は大坂城に入城するや、細川屋敷に使者を送り、ガラシャに大坂城に入るように要請します。人質になれ、ということです。ところが、ガラシャは敢然としてこれを拒絶。すると、その日の夕方には、西軍の二〇〇〇以上の兵が細川屋敷に押し寄せました。

ここで、恥辱を受けたくないガラシャは死ぬことを覚悟するわけです。留守居役の小笠《おがさ》原秀清《わらひできよ》（少斎《しょうさい》）らも、先の忠興の命令もあって、これを了承。キリシタンであるガラシャには自害が許されないため、小笠原に胸を長刀《なぎなた》で突かせ、絶命した――。これが、これまでに語られてきた細川ガラシャの最期です。映画やドラマなら、紅蓮《ぐれん》の炎に包まれるなか、クルスを握ったガラシャが死を受け入れる姿が描かれます。

しかし、ぼくは疑問に思うわけです。ガラシャは自分で心臓を刺して死んだのではないからといって、自殺ではない、と言い切れるのか。家臣に胸を突かせて死んだとしても、それは他殺ではなく、自殺と同じではないのか。現代の刑法なら、小笠原の行為は明らかに自殺幇助に相当します。だから、広い意味ではガラシャは自殺だったと考えるほうが自然です。しかも、頭が良くて、熱心なキリシタンだったガラシャが、「自殺は重罪である」というキリスト教の大原則を知らなかったはずがありません。

ぼくのガラシャが自殺だったか否かの疑問に答えてくれたのが、『細川ガラシャ――キリシタン史料から見た生涯』という著書がある安廷苑《アンジヨンウオン》さん（青山学院大学教授）です。ざっと、こんな話です。

当時の宣教師は、ガラシャが自害することについてバチカンに問い合わせていました。異教徒に囲まれたなかでキリスト教信者が自害しても、キリスト教が禁止する自殺には当たらないのではないか。それは「神の意志に背く死」ではなく、「名誉ある死」と言っていいのではないか。この問い合わせに対し、バチカンの大学の教授からは「そのような考えは認められません。それも自殺です」との回答が戻ってきました。

宣教師は考えに考え、悩みに悩んだ末に、結論を出します。

「もし異教徒に囲まれ、殺されそうになった時は自害することを許します。私の判断では、そのような死はキリスト教が禁止する自殺ではありません」

宣教師の判断は当然、ガラシャにも伝えられたそうです。だから、彼女は西軍の兵士に殺される前に、従容として小笠原の長刀に胸を突かれました。みなさんはどう考えるでしょうか。ぼくはこの説のほうが納得できます。

ねねvs.淀殿〜対照的な秀吉が愛した女性

天下人への道を突き進んだ豊臣秀吉を陰《かげ》ながら支え続けたのが、正室のねね（のちの北《きたの》政所《まんどころ》。仏門に入ってからは高台院《こうだいいん》）。戦国時代の理想の妻、と言うべき女性です。この時代には珍しく、秀吉とは恋愛結婚。結婚当時は秀吉の身分が低かったので（足軽組頭《あしがるくみがしら》と言われていますが）、母は大反対していたようです。結婚式も質素なものだったようです。

秀吉が城主（長浜城主）に出世したのは、一五七三（天正元）年。一〇万石の領地を与えられました。しかし、秀吉が城でゆっくり過ごすようなことはなく、信長の命を受けて、あちこち飛び回る。とにかく働き者で、次から次へと任務をこなしました。しかも、秀吉は行った先々で女性をつくった。

そんな秀吉に代わって、長浜で政治を行い、経済を回したのがねねです。さらに、のちの秀吉政権の柱石となる加藤清正、福島正則、石田三成といった若者たちを育て、養子（実質的には人質）としてやってきた徳川秀康（結城秀康）を厚くもてなしたりもした。頭の回転が早く、面倒見も良く、誰からも慕われる。秀吉の大出世は、ねねの存在あってこそです。女好きの秀吉がいくら浮気を繰り返しても、正室としてどっしりかまえ、秀吉も頭が上がらなかった。

秀吉は生涯、ねねを大事にしました。成功したからといって、見捨てることはなかったわけです。一五八五（天正一三）年、ねねは秀吉が関白になったのを機に「北政所」と呼ばれるようになりました。北政所とは、摂政《せっしょう》・関白の正室を指す言葉です。

ねねの弱みと言えば、子宝に恵まれなかったことです。しかし、これは秀吉の側に問題がある。おそらく子種《こだね》がなかったのではないか。

宣教師ルイス・フロイスが書いた『日本史《にほんし》』は、秀吉について次のように記しています。

「主だった大名の娘を養女として召し上げ、彼女たちが一二歳になると自分の情婦にした。美人という評判が秀吉の耳に入ると、その女性は必ず連行された」

これがどこまで正確であるかはわかりませんが、『伊達世臣家譜《だてせしんかふ》』には、秀吉の側室は一六人と書かれています。側室以外にも、浮気相手はどれだけいたかはわかりません。にもかかわらず、子供を授かったのは淀殿《よどどの》だけ。しかも二人（鶴松と秀頼）！

秀吉の女性の好みは、はっきりしています。美しいこと、そして織田家を頂点とする大名家の姫君であること、です。淀殿は、浅井長政とお市の方との間に生まれていますし（妹に初《はつ》〔京極高次正室〕と江《ごう》〔徳川秀忠正室〕）、お市の方は戦国一と謳われた美人でしたから、この条件をクリアしています。淀殿は幼少から「姫様」と言われる立場であったわけで、ねねとは生育環境があまりに違いますね。

そんな淀殿が、秀吉のことを好きだったかどうかはわかりません。むしろ嫌いだったかもしれない。ねねのように優秀ではないけれど、権力には敏感だった。今風に言えば、マウンティングが好きだったんでしょう。マウントを取るためには子供が必要です。子供を産まなければ、その他大勢の側室の一人にすぎない。しかし子供を産めば、正室のねねにも勝てる。そう考えた淀殿が、別の男性と密通して子供をつくることは大いにありえるんじゃないでしょうか。現在では、鶴松も秀頼も秀吉の実子ではないとする説のほうが有力になっています。

ぼくも複数の産婦人科の先生に聞いてみました。みなさん一様《いちよう》に——秀吉があれだけ数多くの女性と閨《ねや》を共にしながら、淀殿だけに子供ができたのはおかしい。淀殿だけ奇跡的に妊娠することがないとは言えないけど、二度も続くことはまずない。その確率の低さは天文学的な数字になるだろう。だから、他の男性との間に子供をもうけたと考えるほうが自然だ——と言うのです。

おそらく秀吉も子種がないことを自覚していた。だから、鶴松や秀頼が自分の子供でないことはわかっていたと思います。わかったうえで、まあいいか、跡取りができたんだから、と喜んだんじゃないのかな。秀吉の器《うつわ》の大きさですね。戦国時代の武将にとって、重要なのは血を守ることよりも家を守ること。しかも、独裁者である秀吉が「この子はワシの子だ」と宣言すれば、豊臣家の後継者として通用します。

淀殿に対する周囲の評価は、秀吉の子供を産むことでガラリと変わりました。大勢の側室から抜け出たのです。淀殿の妹・江の価値も一気に上がり、徳川秀忠のところに嫁に行くことができました。江は、最初は佐治一成《さじかずなり》、次に豊臣秀勝《ひでかつ》（秀吉の甥であり、秀次の弟）に嫁ぎますが、朝鮮出兵で秀勝が亡くなり、寡婦となっていました。余談ですが、江が淀殿のような美人だったら、秀吉はまちがいなく側室にしていたと思います。

淀殿は織田家の血筋を大事にし、織田家の家臣も彼女についてきたと言われたりもしますが、それはどうかな。ただ、一六一四（慶長一九）年の大坂冬の陣の時に、多くの織田家の武将が集まったのは事実です。織田長益《ながます》（有楽斎《うらくさい》。信長の弟）、その子である頼長《よりなが》、織田信雄《のぶかつ》（信長の次男）ら、不遇な織田一門の武士がたくさんいました。

大坂城は豊臣の城ではあるんだけど、織田家の城でもあったのです。しかし、大坂冬の陣が終わったあとの講和で、城の堀はすべて埋められてしまいます。こうなると、もう勝てる見込みはありません。負け戦となるのは目に見えている。だから、一〇万人いた浪人たちも、翌年の夏の陣には五万人にまで減ってしまった。ぼくから見たら、よく五万人も残ったなと思いますが。織田の家臣もいなくなりました。やはり、戦国時代における女性の影響力には限界があったということです。

淀殿と秀頼は落城と共に死去。いっぽう、ねねは秀吉の菩提を弔いながら、第三代将軍・家光の治世下である一六二四（寛永元）年に亡くなりました。亡くなり方もまた対照的ですね。

山内一豊の妻〜出世する家庭の共通項

ねねと並び、戦国時代の賢夫人として名高いのが、山内一豊《やまうちかずとよ》の妻・千代《ちよ》（「まつ」とも。のちの見性院《けんしょういん》）です。一豊が千代の内助の功で出世できたことは、司馬遼太郎さんの小説『功名が辻』に詳しく書かれています。

彼女を一躍有名にしたのは、多くの人が知っている「馬」の話。一豊が織田信長に仕えながらも、まだ無名だった頃、馬揃《うまぞろ》えが行われることになりました。馬揃えとは、騎馬を一堂に集めて検分すること。ちょうどその頃、馬売りが連れてきた駿馬《しゅんめ》を見て、一豊はすっかり気に入るのですが、あまりに高価で買うことができない。ここで登場するのが千代。彼女は夫に何かあったらと、嫁入りの時に父から渡されていた一〇両を一豊に渡します。こうして購入した馬は信長の目を引き、それが出世の足がかりになったというのです。

もうひとつ有名なのは密書のエピソード。関ヶ原の戦いを前に、一豊は早々と徳川家康への忠誠を見せていました。いっぽう、千代は大坂の山内屋敷で石田三成の厳しい監視下にありました。それでも千代は、一豊宛《あ》てに豊臣側の情報と一緒に「自分はどうなってもかまわないから、家康様に忠義を尽くしてください」という密書を送ります。しかも、密書は開封せずに家康に渡すように、との伝言を家臣に託して(伝言ではなく、もう一通の手紙に書いてあったとの話もあり)。受け取った一豊は千代の指示通り、封を切ることなく家康に差し出しました。未開封の書状を読んだ家康が深い感銘を受けたのは言うまでもなく、一豊の関ヶ原後の出世に大きく影響したというのです。

しかし、これらの話を証明する文書はなく、信憑性《しんぴょうせい》に欠けます。そもそも千代のこと

山内一豊と千代

名馬のエピソードで名高い山内一豊の妻・千代は、『寛政重修諸家譜』の山内氏系譜によれば、浅井氏家臣の若宮友興《わかみやともおき》(喜助《きすけ》)なる武士の娘で、近江国の飯村《いいむら》(現・滋賀県米原市飯《いい》)生まれという。いっぽうで岐阜県・郡上八幡《ぐじょうはちまん》に伝わる遠藤《えんどう》氏の系図では、郡上八幡城(写真奥)の初代城主・遠藤盛数《もりかず》の娘であり、慶隆《よしたか》(1550〜1632年。美濃・八幡《はちまん》藩2万7000石の初代藩主)の妹とする。この銅像は後者の説をもとに、1985年に建てられた。

はよくわかっていません。千代に限らず、戦国の女性の政治的働きが表に出ることはほとんどありません。ただ、前田利家と妻まつの関係がそうであったように、夫と妻の二人三脚でがんばって出世していったのはまちがいないと思われます。千代もまつも、陰になり日向になり、家臣の面倒を見たのでしょう。家臣もまた殿の奥方を大切にしました。

　一豊と千代の関係は、相撲

部屋の親方とおかみさんの関係に近いかもしれません。リーダーは親方、それを裏からサポートするのがおかみさん。サポートと言っても、することは多岐にわたります。若い弟子の世話やおこづかいの管理、親方との仲介役、時には悩みの相談に乗ることもあるでしょう。さらに、部屋の経理、親方のスケジュール管理、祝賀会や部屋主催のパーティーの招待状の発送と段取り、などなど。私たちが想像する以上に多忙です。そして、強い力士を輩出する部屋には、たいてい優秀なおかみさんがいます。

おそらく千代も気働きができ、周囲の人たちから信頼される人だったに違いない。だから、一豊もそんな女房を生涯にわたって大切にしました。一夫多妻があたりまえだった時代に、側室を持たなかった。加藤清正や石田三成もそうです。戦国時代にもけっこう愛妻家はいるのです。

もちろん、なかにはトロフィワイフと言うか、ステータスシンボルとして、名門の家柄の美しい妻をもらう武将はいました。しかし、下から成り上がっていった武将を見ると、いい奥さんをもらって、その奥さんを大事にしているケースが多い。では、いい奥さんの条件とは何か。

家柄や見た目の美しさより、人格や性格、そして気遣《きづか》いの能力だろうと思います。それは今の時代も変わらないのではないでしょうか。えっ、本郷和人、おまえのところはどうかって？　それはご想像におまかせします。

編集協力
米谷紳之介

DTP
キャップス

写真出所（数字は掲載ページ、下記以外はpublic domain）
磨井慎吾：131
菊泉院：83
御靈神社：19
産経新聞社：25、35、53、57、65、71、97、103、107、113、117、
125、151、163、175、179、185、189、195、199、203
東京大学史料編纂所：135、145、155、159、169
刀剣ワールド財団：141
photolibrary：231

切りとり線

★読者のみなさまにお願い

この本をお読みになって、どんな感想をお持ちでしょうか。祥伝社のホームページから書評をお送りいただけたら、ありがたく存じます。今後の企画の参考にさせていただきます。また、次ページの原稿用紙を切り取り、左記まで郵送していただいても結構です。

お寄せいただいた書評は、ご了解のうえ新聞・雑誌などを通じて紹介させていただくこともあります。採用の場合は、特製図書カードを差しあげます。

なお、ご記入いただいたお名前、ご住所、ご連絡先等は、書評紹介の事前了解、謝礼のお届け以外の目的で利用することはありません。また、それらの情報を6カ月を越えて保管することもありません。

〒101-8701（お手紙は郵便番号だけで届きます）
祥伝社　新書編集部
電話03（3265）2310
祥伝社ブックレビュー　www.shodensha.co.jp/bookreview

★本書の購買動機（媒体名、あるいは○をつけてください）

＿＿＿＿新聞の広告を見て	＿＿＿＿誌の広告を見て	＿＿＿＿の書評を見て	＿＿＿＿の Web を見て	書店で見かけて	知人のすすめで

★100字書評……戦国史のミカタ

名前

住所

年齢

職業

本郷和人　ほんごう・かずと

東京大学史料編纂所教授、博士（文学）。1960年、東京都生まれ。1983年、東京大学文学部卒業。1988年、同大学院人文科学研究科博士課程単位取得退学。同年、東京大学史料編纂所に入所、『大日本史料』第5編の編纂にあたる。東京大学大学院情報学環准教授を経て、現職。専門は中世政治史。著書に『中世朝廷訴訟の研究』『壬申の乱と関ヶ原の戦い』『乱と変の日本史』『天下人の軍事革新』『東大生に教える日本史』などがある。

戦国《せんごく》史《し》のミカタ

本郷《ほんごう》和人《かずと》

2025年５月10日　初版第１刷発行
2025年６月20日　　　第２刷発行

発行者……………辻 浩明
発行所……………祥伝社《しょうでんしゃ》
〒101-8701　東京都千代田区神田神保町3-3
電話　03(3265)2081(販売)
電話　03(3265)2310(編集)
電話　03(3265)3622(製作)
ホームページ　www.shodensha.co.jp

装丁者……………盛川和洋
印刷所……………萩原印刷
製本所……………ナショナル製本

Printed in Japan　ISBN978-4-396-11713-9　C0221

〈祥伝社新書〉
中世・近世史

565
乱と変の日本史
観応の擾乱、応仁の乱、本能寺の変……この国における「勝者の条件」を探る
本郷和人

658
「お金」で読む日本史
源頼朝の年収、武田信玄の軍資金……現在のお金に換算すると？
本郷和人／監修
BSフジ「この歴史、おいくら？」制作班／編

558
徳川家康の江戸プロジェクト
『家康、江戸を建てる』の直木賞作家が、四二〇年前の都市計画を解き明かす
小説家
門井慶喜

595
日本史を変えた八人の将軍
将軍が日本史におよぼした影響から、この国を支配する条件を読み解く
本郷和人
門井慶喜

675
世界を動かした日本の銀
石見銀山の銀で日本は最貧国から脱出し、中国は経済成長を遂げた！
国際日本文化研究センター教授
磯田道史ほか